Nicole Biernacki

Integrität als aktueller Bestandteil von Management am Beispiel des Korruptionsskandals (2006) der Siemens AG

Diplomica Verlag GmbH

Biernacki, Nicole: Integrität als aktueller Bestandteil von Management am Beispiel des Korruptionsskandals (2006) der Siemens AG. Hamburg, Diplomica Verlag GmbH 2013

Buch-ISBN: 978-3-8428-9375-7
PDF-eBook-ISBN: 978-3-8428-4375-2
Druck/Herstellung: Diplomica® Verlag GmbH, Hamburg, 2013

Bibliografische Information der Deutschen Nationalbibliothek:
Die Deutsche Nationalbibliothek verzeichnet diese Publikation in der Deutschen Nationalbibliografie; detaillierte bibliografische Daten sind im Internet über http://dnb.d-nb.de abrufbar.

Das Werk einschließlich aller seiner Teile ist urheberrechtlich geschützt. Jede Verwertung außerhalb der Grenzen des Urheberrechtsgesetzes ist ohne Zustimmung des Verlages unzulässig und strafbar. Dies gilt insbesondere für Vervielfältigungen, Übersetzungen, Mikroverfilmungen und die Einspeicherung und Bearbeitung in elektronischen Systemen.

Die Wiedergabe von Gebrauchsnamen, Handelsnamen, Warenbezeichnungen usw. in diesem Werk berechtigt auch ohne besondere Kennzeichnung nicht zu der Annahme, dass solche Namen im Sinne der Warenzeichen- und Markenschutz-Gesetzgebung als frei zu betrachten wären und daher von jedermann benutzt werden dürften.

Die Informationen in diesem Werk wurden mit Sorgfalt erarbeitet. Dennoch können Fehler nicht vollständig ausgeschlossen werden und die Diplomica Verlag GmbH, die Autoren oder Übersetzer übernehmen keine juristische Verantwortung oder irgendeine Haftung für evtl. verbliebene fehlerhafte Angaben und deren Folgen.

Alle Rechte vorbehalten

© Diplomica Verlag GmbH
Hermannstal 119k, 22119 Hamburg
http://www.diplomica-verlag.de, Hamburg 2013
Printed in Germany

Inhaltsverzeichnis

Abbildungsverzeichnis III

Abkürzungsverzeichnis IV

1. Einleitung 1

2. Begriffserklärung und Einordnung 2

2.1. Wirtschaftsethik 3

2.1.1. Shareholder-Theorie 6

2.1.2. Stakeholder-Theorie 9

2.2. Unterschiedliche Konzeptionen nachhaltiger Entwicklung 11

2.3. Integrität 13

2.3.1. Definition 13

2.3.2. Bedeutung von Integrität 15

2.3.3. Aufrichtigkeit 18

2.3.4. Die Integritätsprüfung 20

2.4. Korruption 22

2.4.1. Definition 22

2.4.2. Ursachen 30

2.4.3. Folgen 33

2.4.4. Bekämpfung 37

3. Siemens AG 42

3.1. Aktiengesellschaft 42

3.2. Details Siemens AG 44

4. Korruptionsskandal der Siemens AG (2006) 45

4.1. Das Geschehen 46

4.1.1.	Verlauf National	46
4.1.2.	Verlauf International	50
4.1.3.	Aktienkursverlauf	51
4.1.3.	Das Compliance-System der Siemens AG	52
4.2.	Ursachen	54
4.3.	Folgen	57
5.	Heutige Bekämpfung von Korruption der Siemens AG	60
6.	Fragebogenauswertung	63
7.	Fazit	65
Anhang		68
Literaturverzeichnis		95

Abbildungsverzeichnis

Abbildung 1: Einordnung Integrität und Korruption 2

Abbildung 2: Die Shareholder-Theorie 6

Abbildung 3: Die Stakeholder-Theorie 9

Abbildung 4: Aktive und passive Korruption 23

Abbildung 5: FCPA 34

Abbildung 6: Siemens Aktienkurs in Euro und Entwicklung des DAX index 51

Abbildung 7: Mitarbeiter/Manager im Korruptionsfall 53

Abbildung 8: Wirtschaftsethik 63

Abkürzungsverzeichnis

AG .... Aktiengesellschaft

AUB .... Arbeitsgemeinschaft Unabhängiger Betriebsangehöriger

BPO .... Business Practice Office

Com .... Communication

DD .... Due Dilligence

EU .... Europäische Union

FCPA .... Foreign Corrupt Practices Act

ICM .... Image Color Management/Matching

ICN .... Intercity Neigezug

IGM .... Industriegewerkschaft Metall

SEC .... U.S. Securities and Exchange Commission

1. Einleitung

Das Ziel dieser Arbeit ist es die Korruption in Verbindung mit Integrität in Vordergrund zu bringen und dabei auf einen konkreten Korruptionsfall einzugehen. Vor allem die Auswirkungen auf Gesellschaft, Staat, das Unternehmen selbst und die beteiligten Personen zu zeigen, welches man heute, sechs Jahre nach dem Korruptionsfall im Hause der Siemens AG, besser beschreiben kann, da man einen bestimmten Abstand zu den Geschehnissen hat und die genauen Auswirkungen kennt.

Der Korruptionsskandal im Jahre 2006 der Siemens AG gilt bis heute als der größte, aufgedeckte Korruptionsskandal weltweit (nach FCPA). Am 15.11.2006, als die Öffentlichkeit von dem Fall erfuhr, waren 200 Staatsanwälte, Polizisten und Steuerfahnder an der Durchsuchung des Unternehmens beteiligt. Es wurde 1,3 Milliarden Euro „schmutziges Geld" aufgedeckt, welches in einem Zeitraum von sechs Jahren (2000-2006) veruntreut wurde. Ausgenommen sind die Korruptionsfälle, die schon in den 80er Jahren bei Siemens passiert sind.

Bis dahin galt Siemens als erfolgreichstes deutsches Unternehmen unter den internationalen Weltfirmen mit etwa 450.000 Beschäftigten und ca. 70 Milliarden Euro Jahresumsatz mit dem Titel „Made in Germany". Das Ansehen wurde durch den Korruptionsfall international beschädigt[1].

---

[1] Volz, H.M. und Rommerskirchen, T. (2009), Die Spur des Geldes – Der Fall des Hauses Siemens, 1. Auflage, Berlin 2009, Zürich 2009

2. BEGRIFFSERKLÄRUNG UND EINORDNUNG

Die folgende Darstellung soll die Vorgehensweise meiner Arbeit darstellen. Die Struktur des theoretischen Abschnitts:

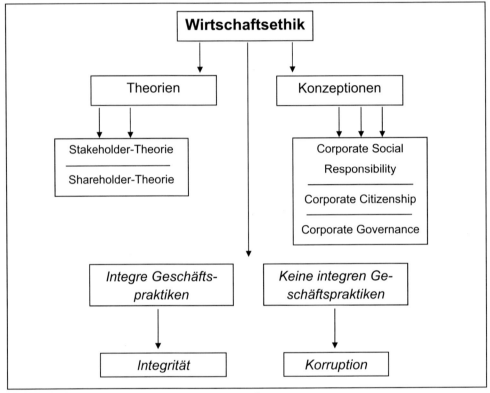

ABBILDUNG 1: EINORDNUNG INTEGRITÄT UND KORRUPTION[2]

Die Wirtschaftsethik wird unterteil in unterschiedliche Fachbereiche, wobei ich kurz auf die Stakeholder- und Shareholdertheorie eingehe und auf die drei wichtigsten Konzeptionen im Bereich der Wirtschaftsethik. Unterteilt habe ich die Thematik ebenfalls in zwei Gegensätze – Integrität, d.h. integre Geschäftspraktiken und nicht integre Geschäftspraktiken, d.h. im spezifischen die Korruption.

---

[2] Eigene Erstellung

2.1. Wirtschaftsethik

Wirtschaftsethik befasst sich damit, wie moralische Normen und Ideale in der Wirtschaft beachtet werden können[3]. Dabei ist Ethik die Theorie, die Moral ist die Praxis[4]. Wirtschaftsethik im weiteren Sinne kann man in drei Bereiche einteilen – in Wirtschaftsethik im engeren Sinne, welches in Wirtschaftsordnungen und Wirtschaftssystemen unterteilt wird. Der zweite Bereich ist die Wirtschaftsbürgerethik, welches die Individualethik für einen wirtschaftlichen Akteur ist. Der bekanntlich umfangreichste Bereich ist die Unternehmensethik, welche in externe und interne Unternehmensethik unterteilt werden kann. Man unterscheidet an dieser Stelle Beziehungen außerhalb und innerhalb eines Unternehmens. Diese zwei Unterpunkte kann man in drei Ansätze unterteilen – in einen instrumentalistischen, korrektiven und integrativen Ansatz[5]. Wirtschaftsethik ist ein umfangreicher Begriff, deshalb hier nur einige spezifische Beispiele, womit sich die wirtschaftliche Ethik befasst: Kinderarbeit, Geldwäsche, Umweltverschmutzung, zwischenmenschliche Verhaltensweisen, das Kartellrecht, Korruption, Integrität, die Verhaltensrichtlinien im Unternehmen etc..

Wirtschaft und Ethik sind zwei untrennbare Komplemente, da es durch die Krisen, die aufgedeckten Korruptionsskandale, usw. immer wichtiger ist zu sehen, dass Wirtschaften kein moralfreier Raum ist[6].

Ethik hilft uns bei der Orientierung im täglichen Leben, wie die Entwicklung des moralischen Sinnes, des Einfühlungsvermögens und des Gespürs für das Gewicht von Problemen. Wichtig sind ebenfalls die Fähigkeiten moralische Konfliktsituationen rechtszeitig und klar zu erfassen, konstruktive Lösungen zu finden, Handlungsfolgen abzuschätzen, Probleme zu erörtern, diese von unterschiedlichen Blickwinkeln zu betrachten. Es ist wichtig zwischen dem Möglichen und Angemessenen zu unter-

---

[3] Gabler, Wirtschaftslexikon (Datum unbekannt), Wirtschaftsethik
http://wirtschaftslexikon.gabler.de/Definition/wirtschaftsethik.html, Abruf am 08.04.2012

[4] E. Waibl (2005), Angewandte Wirtschaftsethik, 1. Auflage, Stuttgart, Deutsche Bibliothek

[5] Ethik (2012), http://www.grin.com/object/document.29795/43de75181e32f6d28dc3092816e_LARGE.png , Abruf am 04.06.2012

[6] C.G. Große (2011), Wirtschaft in der Verantwortung – Management und Kommunikation im Spannungsfeld zwischen Ethik und Ökonomik, Band 42, Göttingen, Edition Ruprecht

scheiden und ein selbstkritisches Urteilsvermögen schon in früher Kindheit zu entwickeln[7].

Die Akzeptanz ethischer Grundsätze ist im hohen Maß subjektiv, also abhängig vom Charakter, der Religion, der Gesellschaft in der man lebt sowie vom Land, der Erziehung, vom Umfeld, von der Arbeit, von wichtigen Erfahrungen und Ereignissen im eigenen Leben aber auch von anderen relevanten Aspekten.

Leider wird Wirtschaftsethik heute als wirtschaftsfeindlich angesehen. Wieso ist dies so? Es fängt schon bei den Verhaltensrichtlinien in einem Unternehmen an. Meist wird dort Compliance als ein irrelevantes Thema von den Sachbearbeitern angesehen, womit sie sich leider beschäftigen müssen. Angefangen von keiner Annahme von Geschenken von Kunden bis zu einem gewissen Wert, bis zur Durchführung von Trainings und vielen weiteren Aspekten. Außerdem geben Wirtschaftspraktiker zu verstehen, dass sie keine Moralexperten sind und fordern demzufolge klare Gesetzesregelungen. Jedoch kann durch die Subjektivität, eine Beschränkung der freien Weltwirtschaft entstehen. Somit sind rechtliche Steuerungen des Verhaltens in der Wirtschaft nicht ausreichend. Man kann mit rechtlichen Steuerungen nicht alles regeln, da man neben Rechten auch eine moralische Steuerung braucht, und dieses zu umfangreich wäre um es in Gesetzestexten festzuhalten. Rechtliche Verstöße sind an klagbar, Moralische nicht. Bei Moralischen Verstößen erreichen uns „nur" Schuldgefühle[8].

Im heutigen Verständnis der Wirtschaftswissenschaft ist ein zentrales Ziel eines Unternehmens die Gewinnsteigerung. Die Gewinnmaximierung steht in höchst sensiblem Zusammenhang mit Fragen der Wirtschaftsethik.

Moral ist unter anderem die Anerkennung der gemeinsamen Interessen einer natürlichen aber auch einer juristischen Person. Sie ist eine produktive Einhaltung ethischer Maßstäbe und kann damit als Produktionsfaktor verstanden werden, denn wenn Korruption, Diskriminierung, Umweltverschmutzung oder ähnliches in die Öffentlichkeit geraten, so ist dies rufschädigend und somit in der Regel auch geschäftsschädigend. Somit ist Moral gleicherweise ein Vorleister für die freie Wirtschaft, da

---

[7] E. Waibl (2005), Angewandte Wirtschaftsethik, 1. Auflage, Stuttgart, Deutsche Bibliothek

[8] E. Waibl (2005), Angewandte Wirtschaftsethik, 1. Auflage, Stuttgart, Deutsche Bibliothek

man mit Korruption, aber auch anderen ähnlichen illegalen Machenschaften, die Freiheit eines jeden beschränkt. Außerdem dient Moral auch als Stressreduktor und erleichtert somit das Leben[9].

Es gibt zwei bedeutende Theorien in der Wirtschaftsethik, die beschreiben wer verantwortlich ist für das Soziale bzw. für wirtschaftsethische Belange in einem Unternehmen: die Stakeholder- und die Shareholder-Theorie.

---

[9] E. Waibl (2005), Angewandte Wirtschaftsethik, 1. Auflage, Stuttgart, Deutsche Bibliothek

2.1.1. SHAREHOLDER-THEORIE

Die Shareholder-Theorie beschreibt, dass die alleinige und ausschließliche Verantwortung des Unternehmens gegenüber seinen Eigentümern liegt. Bei einer Aktiengesellschaft handelt es sich um die Aktionäre[10].

ABBILDUNG 2: DIE SHAREHOLDER-THEORIE[11]

„Das Unternehmen ist ein Instrument der Aktionäre, die es besitzt (…). In einem freien Wirtschaftssystem gibt es nur eine einzige Verantwortung für die Beteiligten: sie besagt, dass die verfügbaren Mittel möglichst gewinnbringend eingesetzt und Unternehmungen unter dem Gesichtspunkt der größtmöglichen Profitabilität geführt werden müssen, solange dies (…) unter Beachtung der Regeln des offenen und freien Wettbewerbs und ohne Betrugs- und Täuschungsmanöver [geschieht]…" sagte Milton Friedmann in seinem Buch Kapitalismus und Freiheit.[12],[13]

---

[10] E. Waibl (2005), Angewandte Wirtschaftsethik, 1. Auflage, Stuttgart, Deutsche Bibliothek

[11] E. Waibl (2005), Angewandte Wirtschaftsethik, 1. Auflage, Stuttgart, Deutsche Bibliothek

[12] E. Waibl (2005), Angewandte Wirtschaftsethik, 1. Auflage, Stuttgart, Deutsche Bibliothek, Seite 21

Wirtschaftliche Unternehmungen sind zunächst juristische Personen. Sie können für Gesetzesverstöße rechtlich zur Verantwortung gezogen werden, jedoch nicht für einen moralischen Verstoß, der nicht im Gesetzt verankert wurde. Die Öffentlichkeit wird durch die Politik und nicht durch das Unternehmen gestaltet: „The business of business is business." Ein Zitat von Milton Friedmann[14].

Am Beispiel des HGBs, das heißt des Handelsgesetzbuches der Bundesrepublik Deutschland, bezieht weder die Moral noch die Wirtschaftsethik mit ein[15]. Im BGB kann man folgende Paragrafen finden: §138 besagt: „Sittenwidriges Rechtsgeschäft; Wucher (1) Ein Rechtsgeschäft, das gegen die guten Sitten verstößt ist nichtig. Nichtig ist insbesondere ein Rechtsgeschäft, durch das jemand unter Ausbeutung der Zwangslage, der Unerfahrenheit, des Mangels an Urteilsvermögen oder der erheblichen Willensschwäche eines anderen sich oder einem Dritten für eine Leistung Vermögensvorteile versprechen oder gewähren lässt, die in einem auffälligen Missverständnis zu der Leistung stehen."[16] Der § 242 HGB besagt folgendes: „Leistung nach Treu und Glauben. Der Schuldner ist verpflichtet die Leistung so zu bewirken, wie Treu und Glauben mit Rücksicht auf die Verkehrssitte es fordern."[17] In der Zusammenfassung wird in beiden Paragrafen hingewiesen, dass Sittenwidrigkeit in der Wirtschaft gegen das Gesetz ist. Jedoch muss man an dieser Stelle klar abgrenzen, dass nicht genügend moralische und ethische Aspekte genannt werden. Es wird nicht genau definiert, was Sittenwidrigkeit ist, sondern man kann es in seinen eigenen Worten nur interpretieren.

Die Theorie besagt außerdem, dass Manager von den Eigentümern die Unternehmensleitung anvertraut bekommen, um mit dem eingesetzten Kaptal den größtmöglichen Gewinn zu erwirtschaften, wenn man andere Interessen verfolgt, so kommt dieses einer Kapitalverschwendung gleich[18].

---

[13] M. Friedmann (2002), Kapitalismus und Freiheit, 1. Auflage, Eichborn

[14] M. Friedmann (2002), Kapitalismus und Freiheit, 1. Auflage, Eichborn

[15] HGB, Handelsgesetzbuch (2010), 65. Auflage, Beck-Texte im dtv

[16] BGB, Bürgerliches Gesetzbuch (2010), 65. Auflage, Beck-Texte im dtv

[17] BGB, Bürgerliches Gesetzbuch (2010), 65. Auflage, Beck-Texte im dtv

[18] E. Waibl (2005), Angewandte Wirtschaftsethik, 1. Auflage, Stuttgart, Deutsche Bibliothek

Dennoch gerät die Theorie nach der heutigen Entwicklung immer mehr in Kritik, meiner Meinung nach, da es nicht genügt nur auf die Gesetze des Staates zu achten, sondern es existieren viele Situationen, die moralisch, wie auch menschlich verwerflich sind und auf die man mit dem menschlichen und sensiblen Einfühlungsvermögen reagieren muss. Warum ist das so? Die gesellschaftlichen Regeln, aber auch die Gesellschaft im Allgemeinen, sind so komplex geworden, dass eine Überregierung entstehen kann und diese würde das Problem nicht lösen. Gesetze bzw. das ganze Rechtssystem müssten einfach gehalten werden, so dass Jeder sie verstehen kann und darüber hinaus danach leben könnte. Die Moral ist komplex und subjektiv. Es würde alles durch Rechthaberei blockiert werden.

Warum ist Wirtschaftsethik ein sensibler Bereich?

An jeder Ecke gibt es einige Verführungen, denen man wiederstehen muss. Moralische und sensible Entscheidungen werden im unternehmerischen Alltag täglich getroffen. Angefangen von der Behandlung von seinen Mitarbeitern bis zu schwerwiegenden Entscheidungen bezogen auf Aufträge.

2.1.2. STAKEHOLDER-THEORIE

Die Unternehmen, die die Stakeholder-Theorie befolgen, haben im Gegensatz zur Shareholder-Theorie, eine vielfältige Verantwortung gegenüber der Gesellschaft. Die Verantwortung liegt gegenüber all denen, die in diese Unternehmenstätigkeit irgendwie involviert sind und an dem Unternehmen ein Interesse („stake") haben[19].

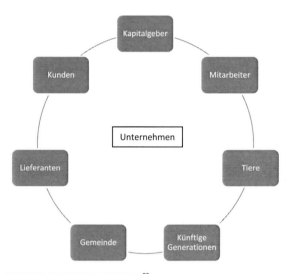

ABBILDUNG 3: DIE STAKEHOLDER-THEORIE[20]

Dies ist meistens ein Problem zwischen den verschiedenen Anspruchsgruppen. Als Beispiel: der Kunde will längere Öffnungszeiten, jedoch liegt das nicht im Interesse der Mitarbeiter. Somit muss man Ansprüche gegeneinander abwägen und zwischen den kollidierenden Interessen vermitteln. Im Übrigen haben Unternehmungen keine moralische Immunität. Es ist irrelevant ob ein Individuum oder eine Institution ein Fehlverhalten begangen hat. Die Stakeholder-Theorie besagt ebenfalls, dass Unternehmen, vor allem die Großkonzerne eine beträchtliche öffentlichkeitsgestaltende

---

[19] E. Waibl (2005), Angewandte Wirtschaftsethik, 1. Auflage, Stuttgart, Deutsche Bibliothek

[20] E. Waibl (2005), Angewandte Wirtschaftsethik, 1. Auflage, Stuttgart, Deutsche Bibliothek

Kraft haben, sie beeinflussen direkt und indirekt das Leben vieler Menschen, infolgedessen sollten sich die Unternehmen ihrer großen Verantwortung bewusst sein[21].

Die Stakeholder-Theorie ist durch Ihre Vielfältigkeit meiner Meinung nach zur heutigen Zeit die vernünftigere und moralischere Theorie, weshalb sie auch eher gebraucht wird. Das werde ich im weiteren Verlauf meiner Arbeit ebenfalls aufzeigen.

---

[21] E. Waibl (2005), Angewandte Wirtschaftsethik, 1. Auflage, Stuttgart, Deutsche Bibliothek

2.2. Unterschiedliche Konzeptionen nachhaltiger Entwicklung

In unserer heutigen Gesellschaft gibt es verschiedene Konzeptionen, die die Unternehmen auf freiwilliger Basis befolgen können. Bei Konzeptionen handelt es sich um Verhaltensweisen bzw. um Sachgebiete bei heutigen gängigen Begriffen wie Corporate Social Resposibility, Corporate Citizenship und Corporate Governance benannt werden. Sie wurden von der Europäischen Union für Unternehmen entwickelt, und wurden von den Stakeholdern der Unternehmen zunehmend eingefordert[22].

Corporate Social Responsibility (CSR) - hiermit erweitern Unternehmen ihre Verantwortung, indem die Anliegen der betrieblichen und außerbetrieblichen Anspruchsgruppen in der Unternehmenspolitik berücksichtigt werden. Das bedeutet ein Unternehmen ist nicht nur gegenüber sich selbst verantwortlich, sondern seine Verantwortung wird durch ökologische und soziale Aspekte erweitert. Es beinhaltet die drei Dimensionen: Ökonomie, Soziales und Ökologie. Das Ziel in diesem Fall ist nicht nur in der Gegenwart die Nutzung von wirtschaftlichen, natürlichen und sozialen Ressourcen sondern vorrangig die Nutzung in der Zukunft. Folgende Aufgaben stellen sich: das kurzfristige und langfristige Wohl des Unternehmens und seiner Mitarbeiter verantwortungsvoll zu gewährleisten, Arbeitsplätze erhalten und neue schaffen. Die Anliegen der Stakeholder berücksichtigen, Umweltbelange und Verbraucherwünsche so gut wie möglich zu berücksichtigen und sich für die soziale Umwelt zu engagieren und dabei gesellschaftliche Verantwortung übernehmen[23].

Die Corporate Social Resposibility wird ebenfalls in interne und externe Dimensionen aufgeteilt. Wobei interne Dimensionen Human Ressource Management, Arbeitsschutz, Anpassung an den Wandel und Umweltverträglichkeit und Bewirtschaftung natürlicher Ressourcen ist. Zu den externen Dimensionen zählen lokale Gemeinschaften, Geschäftspartner (meistens wird mit diesen eine Integritätsprüfung durch-

---

[22] M. v. Hauff (2011), Nachhaltigkeit – ein Erfolgsfaktor für mittelständische Unternehmen, Anforderungen an Politik, Gewerkschaften und Unternehmen, 1. Auflage, Bonn, Friedrich-Ebert-Stiftung

[23] M. v. Hauff (2011), Nachhaltigkeit – ein Erfolgsfaktor für mittelständische Unternehmen, Anforderungen an Politik, Gewerkschaften und Unternehmen, 1. Auflage, Bonn, Friedrich-Ebert-Stiftung

geführt), Zulieferer und Verbraucher (Kunden), Menschenrechte und der globale Umweltschutz[24].

Corporate Citizenship ist ein Teilbereich des CSR. Dieser Bereich beschreibt, dass ein Unternehmen sich wie ein „guter Bürger" in einer festen Gesellschaft benimmt. Es bedeutet Engagement des Unternehmens zur Verringerung bzw. zur Lösung sozialer Probleme im lokalen Umfeld des Unternehmens. Als Beispiel wären dies Spenden, Sponsoring, Gründung von gemeinnützigen Unternehmensstiftungen und das Engagement der Mitarbeiter in soziale Projekte[25].

Als dritter und im gleichen Sinn bedeutender Aspekt wird oft die Corporate Governance genannt, die auch im Zusammenhang mit nachhaltigem Wirtschaften steht. An dieser Stelle steht die Beziehung zwischen dem Eigenkapitalgeber und dem Unternehmen im Vordergrund – Leitung und Überwachung spielen dabei eine wichtige Rolle. Es sollte die Transparenz der Unternehmenstätigkeit für Anteilseigner erhöhen. Shareholder stehen im Mittelpunkt der Betrachtung, und nicht die Stakeholder[26].

---

[24] M. v. Hauff (2011), Nachhaltigkeit – ein Erfolgsfaktor für mittelständische Unternehmen, Anforderungen an Politik, Gewerkschaften und Unternehmen, 1. Auflage, Bonn, Friedrich-Ebert-Stiftung

[25] M. v. Hauff (2011), Nachhaltigkeit – ein Erfolgsfaktor für mittelständische Unternehmen, Anforderungen an Politik, Gewerkschaften und Unternehmen, 1. Auflage, Bonn, Friedrich-Ebert-Stiftung

[26] M. v. Hauff (2011), Nachhaltigkeit – ein Erfolgsfaktor für mittelständische Unternehmen, Anforderungen an Politik, Gewerkschaften und Unternehmen, 1. Auflage, Bonn, Friedrich-Ebert-Stiftung

2.3. Integrität

2.3.1. Definition

Integrität ist ein Themengebiet aus der Wirtschaftsethik, welches eine Übereinstimmung zwischen idealistischen Werten und der tatsächlichen Lebenspraxis aufzeigt – das bedeutet sein Gesicht zu bewahren. Die Grundlage hierfür ist die Ethik.

Als Integrität beschreiben wir die Übereinstimmung der persönlichen Werte mit dem eigenen Handeln[27]. Denken, Reden und Tun einer Person muss miteinander übereinstimmen, dann ist man ein integrer Mensch. Man hält seine Versprechen, auch wenn diese negative Einwirkungen für sich selber haben können. Man soll nicht perfekt sein, sondern authentisch – echt und ehrlich. Man soll sich treu bleiben, das ist ein Zeichen einer starken Persönlichkeit[28].

Damit jede Person ihre Bedürfnisse im persönlichen, beruflichen und gesellschaftlichen Leben stillen kann, ist es wichtig Integrität zu schaffen. Gelebte Integrität schafft Vertrauen. Vertrauen stärkt die Beziehungen zu anderen Menschen, dies fördert das Gelingen der unterschiedlichen Lebensbereiche (Beruf, Familie, Freunde). Somit wird das Fundament für Erfolg gelegt[29].

Ein integrer Mensch lebt im Bewusstsein, dass sich seine persönlichen Überzeugungen, Maßstäbe und Wertvorstellungen in seinem Verhalten ausdrücken. Er ist treu zu sich selbst und versucht alles so zu lösen, dass er damit leben kann. Er leitet sich nicht durch äußere Drohungen und Verlockungen, auch wenn es ihm schwer fällt.

---

[27] J. Grassler/ C. Schmutz, Erfolgsfaktor Integrität – Wie Wirtschaft und Gesellschaft erneuert werden können (2010), 1. Auflage, Brendow Verlag + Medien

[28] J. Grassler/ C. Schmutz, Erfolgsfaktor Integrität – Wie Wirtschaft und Gesellschaft erneuert werden können (2010), 1. Auflage, Brendow Verlag + Medien

[29] J. Grassler/ C. Schmutz, Erfolgsfaktor Integrität – Wie Wirtschaft und Gesellschaft erneuert werden können (2010), 1. Auflage, Brendow Verlag + Medien

Ein integer Mensch ist somit Jemand, der unbestechlich ist, der feste, tief verankerte, positive Werte hat, zu denen er steht und von denen er sich nicht abbringen lässt[30].

Mangelnde Integrität wiederrum ist, wenn er positives Betriebsklima negativ beeinflusst durch deviantes Verhalten, Fehlzeiten, Pflichtverletzung, wie Missbrauch von Arbeitsmaterialien und Arbeitsmitteln[31].

Als Beispiel: integrer ist jemand, der, wenn er zwischen zwei unterschiedlichen Wegen wählen muss, immer versucht, den korrekten und legalen Weg zu nehmen. Er versucht nichts unrechtes zu tun und niemanden zu schädigen. Ein Synonym hierfür wäre die Anständigkeit[32].

---

[30] Wikipedia (Datum unbekannt), www.de.wikipedia.org/wiki/Integrit%C3%A4t_%28Ethik%29, Abruf am 10.04.2012

[31] Wikipedia (Datum unbekannt), www.de.wikipedia.org/wiki/Integrit%C3%A4t_%28Ethik%29, Abruf am 10.04.2012

[32] C. A. Conrad (2010), Moral und Wirtschaftskrisen, Enron, Subprime & Co., 1. Auflage, Hamburg, disserta Verlag

2.3.2. Bedeutung von Integrität

Integrität nimmt immer mehr an Bedeutung zu, insbesondere im Topmanagement. Aber wieso ist das so?

Es liegt vor allem an den Wirtschaftskrisen, an den Bankenkrisen, an den aufgedeckten Korruptionsskandalen, an dem Teufelskreis der Korruption. Vor allem die Bankenkrise in den USA hat die Menschen misstrauisch gemacht, mit Integrität kann dieses wieder aufgebaut werden. Führungskräfte müssen Werte wieder glaubhaft vorleben, so dass Vertrauen geschafft wird. Vor allem nach der Wirtschaftskrise ist dieses ein wichtiger und unentbehrlicher Punkt, da viele Menschen das Vertrauen, in die Wirtschaft, die Banken und die Politik verloren haben[33].

Warum ist Integrität ein Nutzen für unsere Gesellschaft?

Wenn Worte mit Taten übereinstimmen, kann man sich auf die Aussagen unterschiedlicher Personen verlassen. Das bedeutet Versprechen werden gehalten und Entscheidungen werden direkt umgesetzt, ohne, dass sich diese verändern. Man wird dadurch glaubwürdiger, und baut ein Fundament für das Vertrauen. Das Vertrauen ist die Grundvoraussetzung für menschliches Zusammenleben und Zusammenwirken. Somit ist Integrität ein bedeutendes Element für das persönliche, gesellschaftliche und persönliche Leben[34].

Integrität hat viele Vorteile, Beispiele sind[35]:

- Manager werden glaubwürdiger, ihre Mitarbeiter arbeiten effizienter.
- Es herrscht Wettbewerbsvorteil: Schaffung von Integrität bedeutet, dass die Mitarbeiter ihr ganzes Potenzial ausschöpfen können.

---

[33] J. Grassler/ C. Schmutz, Erfolgsfaktor Integrität – Wie Wirtschaft und Gesellschaft erneuert werden können (2010), 1. Auflage, Brendow Verlag + Medien

[34] J. Grassler/ C. Schmutz, Erfolgsfaktor Integrität – Wie Wirtschaft und Gesellschaft erneuert werden können (2010), 1. Auflage, Brendow Verlag + Medien

[35] J. Grassler/ C. Schmutz, Erfolgsfaktor Integrität – Wie Wirtschaft und Gesellschaft erneuert werden können (2010), 1. Auflage, Brendow Verlag + Medien

- In einem vertrauenswürdigen Arbeitsumfeld sind Mitarbeiter engagierter und loyaler, Konflikte werden offener und dadurch schneller gelöst.
- Es ist ein stabiles Fundament in ungewissen Zeiten.
- Die Lebensqualität verbessert sich, da man treu zu sich selbst ist.
- Es stärkt und festigt private wie auch berufliche Beziehungen.
- Man kann frei leben ohne Gewissensbisse.

Konsequenzen fehlender Integrität sind folgende[36]:

- Der Wertverlust: das bedeutet, dass eine Person nicht authentisch und nicht aufrichtig ist, Entscheidungen werden nicht wie getroffen umgesetzt. Die Atmosphäre ist voll mit Unsicherheit, Misstrauen und Konflikten.
- Unfreiheit: man ist sich selbst untreu, äußere Faktoren, Umstände und Sachzwänge übernehmen das Leben.
- Fehlendes Leben: Integrität führt zu dem nachhaltigen Gelingen des persönlichen Lebens bei, ohne Integrität kann man sich nicht weiter entwickeln – ob es im privaten oder beruflichen Leben ist.

Das tägliche Leben – die Aufgaben, die sich uns stellen fordern ihren Preis. Insbesondere Menschen, die in verantwortungsvoller Position stehen, stehen zwischen den Anforderungen der Gesellschaft bzw. des Umfelds und ihren eigenen Bedürfnissen, aber auch Werten. Jeder möchte die Erwartungen der anderen Menschen erfüllen bzw. sogar übertreffen. Dadurch entstehen jedoch Druck und Sachzwänge, die man bewältigen muss[37].

Das wichtige hierbei ist sich Integrität beizubehalten, da man mit Authentizität, Glaubwürdigkeit und Ausstrahlung einfacher durch den Alltag kommt[38].

---

[36] J. Grassler/ C. Schmutz, Erfolgsfaktor Integrität – Wie Wirtschaft und Gesellschaft erneuert werden können (2010), 1. Auflage, Brendow Verlag + Medien

[37] J. Grassler/ C. Schmutz, Erfolgsfaktor Integrität – Wie Wirtschaft und Gesellschaft erneuert werden können (2010), 1. Auflage, Brendow Verlag + Medien

[38] J. Grassler/ C. Schmutz, Erfolgsfaktor Integrität – Wie Wirtschaft und Gesellschaft erneuert werden können (2010), 1. Auflage, Brendow Verlag + Medien

Integrität ist somit nicht nur wichtig für das private und berufliche Umfeld eines jeden Einzelnen, sondern dann wiederrum auch für die Gesellschaft. Denn, wenn alle Menschen Integrität leben würden, dann wäre auch die Gesellschaft eine bessere[39].

Es ist eine natürliche Sache, dass nicht immer alles perfekt ist. Es ist wichtig zu lernen, wie man mit Spannung im Alltag umgeht, genauso wie mit Interessenkonflikten. Als Beispiel: ein Arbeitgeber will so wenig Geld wie möglich ausgeben, jedoch will der Arbeitnehmer so viel Geld wie möglich bekommen. Der objektive Interessengegensatz wird immer ein Konflikt bleiben. Moral ist keine Nivellierung von Interessen. Deshalb ist es wichtig zu wissen, wie man den Konflikt mit Einbeziehung von Integrität lösen kann.

Im Großen und Ganzen hat Integrität keine Regeln. Sie ist situationsabhängig.

Wann wird die Integrität eines Menschen gefragt? Dieses wird unter Beweis gestellt, wenn persönliche Werte mit persönlichem Vorteil kollidieren. Der Mensch ist ein Homo Oeconomicus, das bedeutet er denkt immer an seine persönlichen Vorteile. Wenn er somit sich in einer unbequemen Situation befindet, dann versucht er diese immer zu argumentieren bzw. zu verteidigen. Integrität ist ebenfalls Offenheit – etwas was man offen gesagt hat zu verteidigen, auch wenn für ihn einen persönlichen Nachteil bedeutet. Wenn man Integrität leben möchte, sollte man unmoralischen Gelegenheiten wieder stehen.

---

[39] J. Grassler/ C. Schmutz, Erfolgsfaktor Integrität – Wie Wirtschaft und Gesellschaft erneuert werden können (2010), 1. Auflage, Brendow Verlag + Medien

2.3.3. AUFRICHTIGKEIT

Ein wichtiger Aspekt der Integrität ist die Aufrichtigkeit. Die Frage ist, muss man immer die Wahrheit sagen? In der Wirtschaft sollte es zum Beispiel in den folgenden Bereichen wahrheitsgetreue Aussagen geben[40], hierbei sollte vorerst Kritik an dem Autor E. Waibl geübt werden.

Der Autor beschreibt in seinem Buch nur folgende Aspekte:

- Bei den Angaben über die Qualität eines Produktes (Zum Beispiel: wenn „bio" drauf steht, dann sollte es auch aus biologischem Anbau stammen),
- Bei den Angaben über die Bewerbungsunterlagen,
- Bei den Angaben über die Lebensversicherung,
- Bei den Angaben über die Bonität des Unternehmens gegenüber Banken und Aktionären,
- Bei den Angaben über das finanzielle Versprechen, das der Staat macht.

Aufrichtigkeit sollte Bestandteil unseres täglichen Lebens sein. Als Beispiel Griechenlands: sie haben Bücher gefälscht, um ein Mitglied der Europäischen Union zu werden. D.h. Länder sollten ihre Bonität und finanzielle Lage vorlegen, so dass andere Länder nicht dafür aufkommen müssen. Bei dem Kauf eines Produktes möchte man ebenfalls das Versprochene erhalten. Man sollte ehrlich zu sich selbst sein, seine Vergangenheit nicht verschweigen, um einen Job zu finden oder Fähigkeiten aussprechen, die man gar nicht hat. Dabei geht es nicht nur um Fairness.

Man sollte Menschen so behandeln, wie man behandelt werden will, keinem Unternehmen schaden wollen um seinen eigenen Vorteil zu bekommen. Man muss erstmals bei sich anfangen, so werden Unternehmen dieses evtl. in der Zukunft auch tun.

---

[40] E. Waibl (2005), Angewandte Wirtschaftsethik, 1. Auflage, WUV Universitätsverlag

Meistens wird in den Medien von verschiedenen Unternehmern behautet, dass Sie immer die Wahrheit gesagt haben, wenn etwas Korruptes oder Illegales an die Öffentlichkeit gerät. Jedoch bedeutet Aufrichtigkeit auch, dass man die ganze Wahrheit sagt und nicht relevante Aussagen verschweigt[41].

Somit ist Aufrichtigkeit gegenüber anderen Menschen ein wichtiger Aspekt. Nicht zu vergessen sollte die Aufrichtigkeit gegenüber sich selbst sein. Dabei ist zu beachten: man sollte sich nicht größer oder kleiner machen als man ist. Man sollte zu seinen Fehlern stehen – die Fehler nicht auf andere schieben und sich nicht den Lob von anderen abholen. In der Wirtschaft gibt es hierbei einen wichtigen Aspekt, die aufrichtige Bilanzlegung. Eine ehrliche Bilanzlegung fragt nicht nur wie viel wir verdient, umgesetzt oder produziert haben? Sondern wichtige Fragen sind auch: Wie viel Natur, das heißt Bodenschätze, Rohstoffe, haben wir verbraucht? Wie viel Abgase haben wir verursacht? Wie viele Arbeitsunfälle haben wir verursacht? Wie viel berufsbedingte Erkrankungen haben wir verursacht[42]?

---

[41] E. Waibl (2005), Angewandte Wirtschaftsethik, 1. Auflage, WUV Universitätsverlag

[42] E. Waibl (2005), Angewandte Wirtschaftsethik, 1. Auflage, WUV Universitätsverlag

2.3.4. Die Integritätsprüfung

In der heutigen Wirtschaft gibt es eine ganz bestimmte Integritätsprüfung, die man in großen Unternehmen durchführt. Dieses wird als Due Dilligence bezeichnet. Bei Geschäftspartnern, die im Auftrag des Unternehmens gegenüber Dritten tätig werden, ist in der Regel eine Due Diligence Prüfung durchzuführen. Vor Abschluss der Prüfung dürfen gegenüber entsprechenden Partnern keine rechtsverbindlichen Angebote abgegeben oder Verträge geschlossen werden. Sofern am Ende des Verkaufsprozesses Amtsträger stehen, muss für alle beteiligten Parteien der gesamten Vertriebskette eine Integritätsprüfung in Betracht gezogen werden[43]. Wenn dabei Probleme austreten (auch Red Flags genannt), dürfen diese nicht ignoriert werden. Auch bei indirekten Geschäften kann das Unternehmen für Fehlverhalten seiner Geschäftspartner verantwortlich gemacht werden[44].

Folgende Warnsignale bedeuten erhöhtes Korruptionsrisiko[45]:

- Direkte oder indirekte Geschäfte mit der Regierung oder regierungsnahen Geschäftspartnern,
- Erhöhte Korruptionsgefahr im entsprechenden Land/Branche (z.B. Militär, Bau, Ölindustrie),
- Geschäftspartner unterhält Beziehungen zu einem Amtsträger,
- Geschäft wird mit Unterstützung von Beratern abgewickelt,
- Negative Presseberichte über den zukünftigen Geschäftspartner,
- Amtsträger schlägt bestimmten Geschäftspartner vor,
- Geschäftspartner verfügt nicht über ausreichende Mittel für die Erbringung der erforderlichen Dienstleistung,
- Fragwürdige oder komplexe Unternehmensstruktur des Geschäftspartners (Steueroase, etc.),

---

[43] Daimler AG, „Due Dilligence-Prozess", Autor unbekannt, Datum unbekannt

[44] Daimler AG, „Due Dilligence-Red Flags", Autor unbekannt, Datum unbekannt

[45] Daimler AG, „Due Dilligence-Warnsignale", Autor unbekannt, Datum unbekannt

- Geschäftspartner lehnt, die Einhaltung von Gesetzen sowie internen Regelungen ab,
- Überverhältnismäßige oder ungewöhnliche Zahlungsmethoden an den Geschäftspartner,
- Geschäftspartner fordert Geld, „um den Auftrag zu erhalten" oder „um Vorkehrungen zu treffen",
- Geschäftspartner besteht auf Anonymität.

2.4. KORRUPTION

2.4.1. DEFINITION

„Korruption ist definiert als Missbrauch von anvertrauter Macht zum Privaten Nutzen oder Vorteil." – Transparency International[46].

Das Wort Korruption, bzw. das zugehörige Adjektiv „korrupt" kommt aus dem lateinischen „corrumpere" und bedeutet „verderben", „verführen", „zuschande machen"[47].

Das Anbieten, Versprechen oder bzw. und Gewähren von Vorteilen, wie Geld, Geschenke, Rabatte, Kredite, Vergütungen, Spenden oder Belohnungen, an oder von Personen als Anreiz für eine unredliche oder rechtswidrige Handlung oder einen Vertrauensbruch bei der Führung der Dienst- und Unternehmensgeschäfte, bedeutet im näheren Sinne Korruption[48]. Es umfasst die Bestechung, wie auch die Bestechlichkeit, somit hat es eine aktive und passive Seite. Als Beispiel: wenn Akteur A, dem Akteur B ein Bestechungsangebot macht, und der Akteur B dieses annimmt, so betreiben beide Korruption. Akteur A besticht und Akteur B wird bestochen[49]. Dabei wird in der heutigen Gesellschaft maßgeblich unterschieden. Der, der bestochen hat, wird immer als schuldiger bzw. als unethischer befunden, als der der die Bestechung angenommen hatte, vor allem wenn dieser in einer schwierigen Lebenssituation war (Bsp.: er musste seine Familie ernähren)[50].

Es gibt zwei Formen von Korruption. Es handelt sich um aktive und passive Korruption. Mit Hilfe der unten abgebildeten Darstellung kann man die Bestechung und die Bestechung im Geschäftsverkehr auf der aktiven Seite erkennen. Auf der passiven

---

[46] C. H. Niehus (2007), Korruption und Unternehmensführung, Instiutionenökonomische Analysen von 20 Interventionen, 1. Auflage, Marburg, Metropolis-Verlag

[47] C. H. Niehus (2007), Korruption und Unternehmensführung, Instiutionenökonomische Analysen von 20 Interventionen, 1. Auflage, Marburg, Metropolis-Verlag

[48] C. H. Niehus (2007), Korruption und Unternehmensführung, Instiutionenökonomische Analysen von 20 Interventionen, 1. Auflage, Marburg, Metropolis-Verlag

[49] E. Waibl (2005), Angewandte Wirtschaftsethik, 1. Auflage, Stuttgart, Deutsche Bibliothek

[50] E. Waibl (2005), Angewandte Wirtschaftsethik, 1. Auflage, Stuttgart, Deutsche Bibliothek

Seite der Unterschied zwischen Bestechlichkeit und Bestechlichkeit im Geschäftsverkehr:

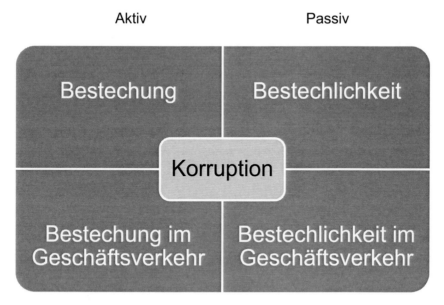

ABBILDUNG 4: AKTIVE UND PASSIVE KORRUPTION[51],[52]

In diesem Zusammenhang ist die Bestechung als Zahlung oder Versprechung zur Zahlung von Bestechungsgeldern an einen Amtsträger zu definieren. Die Bestechung im Geschäftsverkehr wird festgelegt als Zahlung oder Versprechung zur Zahlung von Bestechungsgeldern an einen Angestellten eines privaten Unternehmens, um Aufträge zu erlangen[53].

Als Passive Korruption werden die Bestechlichkeit und die Bestechlichkeit im Geschäftsverkehr beschrieben. Die Bestechlichkeit in diesem Fall beschreibt die Annahme bzw. die Zustimmung zur Annahme von Bestechungsgeldern durch einen

---

[51] C. H. Niehus (2007), Korruption und Unternehmensführung, Instutionenökonomische Analysen von 20 Interventionen, 1. Auflage, Marburg, Metropolis-Verlag

[52] Eigene Erstellung

[53] C. H. Niehus (2007), Korruption und Unternehmensführung, Instutionenökonomische Analysen von 20 Interventionen, 1. Auflage, Marburg, Metropolis-Verlag

Amtsträger. Die Bestechlichkeit im Geschäftsverkehr ist definiert als Annahme bzw. Zustimmung zur Annahme von Bestechungsgeldern durch einen Angestellten eines privaten Unternehmens[54].

Korruption kann vielerorts erscheinen, wo sich wirtschaftliche Transaktionen ereignen. Jedoch wird Korruption in unterschiedlichen Kulturen, unterschiedlich behandelt. In einigen Staaten ist es Geschäftsalltag, sich zu beschenken, in manchen Staaten kann sogar Korruption als Bestechungsaufwendung steuerlich und straffrei abgesetzt werden[55]. Somit ist der Begriff als schwammig einzuordnen, da man objektiv und nachweislich geschädigt wird, wie ich an dem Korruptionsskandal der Siemens AG darlegen werde[56].

Zusammengefasst handelt es sich bei Korruption um mangelnde Integrität, Betrug, Unterschlagung, Veruntreuung, Diebstahl, Vertrauensbruch, Kompetenz-Überschreitung, Untreue oder willkürliche Amtshandlungen.

Als Beispiele benenne ich die Fälschung von Buchhaltung, Steuerhinterziehung, Bestechung seiner Partner als Wettbewerbsvorteil. Es gibt jedoch noch viele andere Aspekte, die zur Korruption zählen[57].

Oft werden Bestechungsgelder als Mittel benutzt, wegen des Konkurrenzdruckes. Korruption schädigt die Marktwirtschaft als Ganzes, da es keinen freien Wettbewerb mehr gibt. Das Unternehmen bekommt einen bestimmten Auftrag, dass am meisten korrupt ist.

---

[54] C. H. Niehus (2007), Korruption und Unternehmensführung, Instutionenökonomische Analysen von 20 Interventionen, 1. Auflage, Marburg, Metropolis-Verlag

[55] E. Waibl (2005), Angewandte Wirtschaftsethik, 1. Auflage, Stuttgart, Deutsche Bibliothek

[56] E. Waibl (2005), Angewandte Wirtschaftsethik, 1. Auflage, Stuttgart, Deutsche Bibliothek

[57] Korruption: Ursachen, Auswirkungen und Bekämpfungsstrategien – systematische Korruption in Lateinamerika (2011), http://www.kit10.info/Corruption_chapter1to4_PART1.pdf, Abruf am 13.05.2012

Nach der Definition von Korruption, wären korrupte Vorgänge[58]:

- Verwendung von Arbeitsinformationen zum privaten Zweck wie der Vorteilsgewinnung bzw. der Vorteilsverschaffung,

- die Fälschung von Unterschriften,

- zum Beispiel Unterschlagung, d.h. die Entwendung von Mitteln zum privaten Zweck,

- die Nutzung von Reisemitteln (z.B. Firmenwagen), die von der Firma gestellt werden zum privaten Zweck,

- die Übertretung von Kompetenzen zum privaten Zweck,

- willkürliche Amtshandlung bzw. Amtsmissbrauch.

Eine der am meisten diskutierten Fragen ist: Wo fängt Korruption an und wo hört sie auf? Vor allem, wenn es sich um jede Form der Vorteilsgewinnung handelt. Wichtige Informationen lasieren (Wettbewerbsvorteil), Stellen im Unternehmen kündigen, Personen durch Kontakte einstellen, Geschenke von Kunden annehmen und weiteres sind Beispiele für Korruption. Wenn etwas einen enormen materiellen Wert für den betreffenden Entscheidungsträger hat, dann ist es schon Korruption. Wenn jedoch etwas Kleines und Persönliches geschenkt wird, ist es eine Höflichkeitsform. Der materielle Wert ist flexibel definiert, da es je nach Person, seinem Gehalt, seiner Erziehung, seiner Situation und seinem Lebensstil oder Lebensstandart abhängt. Jedes Unternehmen sollte so etwas in ihren Geschäftsregeln zu stehen haben[59].

Es handelt sich demzufolge um einen umfassenden Begriff, der durch unterschiedliche Kulturen, anders aufgenommen wird. Warum ist das so? Jedes Land verkörpert eine eigene Mentalität, Geschichte oder Religion – genauso wie unterschiedliche Wirtschaftssysteme. Während in der freien Marktwirtschaft Geld die Welt regiert, sind

---

[58] Korruption: Ursachen, Auswirkungen und Bekämpfungsstrategien – systematische Korruption in Lateinamerika (2011), http://www.kit10.info/Corruption_chapter1to4_PART1.pdf, Abruf am 13.05.2012

[59] J. Stierle (2006), Korruptionscontrolling in öffentlichen und privaten Unternehmen, 1. Auflage, Mehring, Rainer Hampp Verlag

die Menschen lebend in Diktaturen (u.a. im Kommunismus) von der Art zu leben anders. In der freien Marktwirtschaft ist alles käuflich – ob das Personen sind, die Liebe, Sex (Prostitution), Sport (viele Ausländer in den Nationalmannschaften, die kaum die Sprache sprechen und kaum in dem jeweiligen Land gelebt haben), Kunst (Gemälde), Bildung (private Schulen, Universitäten). Dazu zählt bedauerlicher Weise auch die Regierung, die meistens käuflich ist, egal ob als ganze Partei (Parteispenden) oder einzelne Politiker (Bezahlung für einen Auftritt in der Öffentlichkeit für Unternehmen) sind. Der positive Aspekt jedoch dabei ist die in Deutschland vorherrschende exekutive, judikative und legislative Gewaltenteilung, aber auch die Aufmerksamkeit der Öffentlichkeit. Die Menschen in einer Marktwirtschaft haben ebenfalls eine andere Einstellung, sie streben immer wieder nach mehr, und es scheint so, als wären sie nie zufrieden. Hingegen die Menschen in einer Diktatur leben unter ideologischen Zwängen. Als Beispiel kann man auf China, Russland, den Vatikan oder an mehrere arabische Länder hinweisen. In solchen Ländern ist die Öffentlichkeit, wie auch die Medien nicht so präsent wie zum Beispiel in Deutschland. Es herrscht keine freie Meinungsäußerung, man ist gezwungen sich anzupassen, so wie man meistens auch erzogen wurde. Es ist Alltag für sie.

Warum sind Beamte privilegiert? In unserer Gesellschaft versteht man nicht, wieso Beamte so viele Vorteile haben. Es hängt vor allem mit der Korruption zusammen. Sie werden davor geschützt, indem der Staat ihnen Geschenke macht, bzw. eine höhere Geldsumme gibt, mehr Urlaub, bessere Voraussetzungen. Sie sollen zufrieden sein mit ihrer Arbeit, damit sie auch Korruption widerstehen können. Das Beamtenrecht hat bzw. kann somit eine immunisierende Wirkung haben.

Das Argument „das machen Andere Personen auch" projeziert ein Aufschaukelungseffekt. Es entstehen somit Sachzwänge, auf Grund derer es schwer ist sich diesen zu entziehen[60]. „Ihren Ursprung hat Korruption letztendlich im Zeitpunkt der Entstehung menschlichen Bewußtseins und der daraus resultierenden „Notwendigkeit", durch Vorenthaltung von Wissen die Herrschaft der geistigen und weltlichen Führer

---

[60] E. Waibl (2005), Angewandte Wirtschaftsethik, 1. Auflage, Stuttgart, Deutsche Bibliothek

über ihre Untertanen zu sichern und zu zementieren." Schrieb Hans-Wollf Graf in seinem Vortragsmanuskript über die Korruption[61].

Es gibt viele Fälle von Korruption. Manche sind öffentlich, manche sind geheim, aber sie kommen nicht in den Medien vor. Einige der wichtigsten Fälle waren die IWF/Weltbank, die mit Machtmitteln der Finanzkraft der Industrieländer rohstoffreiche aber arme Entwicklungsländer um ihre Rohstoffe bringen. Die Weltbank verhandelt außerdem mit der Waffen- und Energielobby, dem Rohstoffkartell und der Pharmaindustrie. Täglich werden ca. 3 Billionen Euro in Finanztransaktionen weltweit durchgeführt, welches 1,1 Billiarden Euro pro Jahr ausmacht. Das Welt-Bruttosozialprodukt beträgt derzeit jährlich 32 Billionen Euro, somit sind 2,9 % der Geldtransfers durch volkswirtschaftliche Leistungen unterlegt. Als Beispiel sind dieses Agrar, Produktion, Handel, Dienstleistungen. Daraus folgt, dass mehr als 97 % aller Finanztransaktionen pures Monopol sind. Leider ist die Tendenz steigend[62].

Was sind Parteispenden? Ist das eine legale Art und Weise korrupt zu sein? Im Endeffekt verkaufen und kaufen Parteien die Vermarktung von Produkten, die Beschließung von Gesetzen und so viel mehr. Als Beispiel sei hier der ehemalige Bundeskanzler der Bundesrepublik Deutschland genannt. In der Gesellschaft von Waigel, Roman Herzog und Schäuble. Sie führten das ganze Volk und das Parlament mit ihren Restitutionslügen hinters Licht. „Hier sei auf § 108 a des Strafgesetzbuches verwiesen: Wer durch Täuschung bewirkt, daß jemand bei der Stimmabgabe über den Inhalt seiner Erklärung irrt oder gegen seinen Willen nicht oder ungültig wählt, wird mit Freiheitsstrafe bis zu zwei Jahren oder mit Geldstrafe bestraft. Der Versuch ist strafbar.[63]"

Die Nennung der Spender ist Pflicht in Deutschland, bei einer Auskunftsverweigerung macht man sich schuldig und man kann zu einer Gefängnisstrafe verurteilt werden. Jedoch scheint man in Deutschland als Politiker meistens verschont zu werden, vor allem wenn es sich um den Lobbyismus handelt. Firmen geben Spenden an die Parteien ab, meistens sind die Politiker aus den jeweiligen Parteien nach ihrer

---

[61] Korruption, http://www.d-perspektive.de/fileadmin/Newsdateien/Vortragsmanuskript_Korruption_Graf.pdf, Abruf am 17.06.2012

[62] Korruption, http://www.d-perspektive.de/fileadmin/Newsdateien/Vortragsmanuskript_Korruption_Graf.pdf, Abruf am 17.06.2012

[63] Korruption, http://www.d-perspektive.de/fileadmin/Newsdateien/Vortragsmanuskript_Korruption_Graf.pdf, Abruf am 17.06.2012

öffentlichen Karriere in das Unternehmen eingetreten. Hier nur einige Beispiele[64]: Helmut Kohl (ehemaliger Bundeskanzler, heute Lobbyist), Gerhard Schröder (ehemaliger Bundeskanzler, heute Lobbyist), Joschka Fischer (Ex-Außenminister Die Grünen, heute Lobbyist), Dieter Althaus (ehemaliger Politiker CDU, heute Lobbyist), Otto Schily (Ex-Innenminister, heute Lobbyist), Matthias Behringer (ehemaliger grüner Staatssekretär, heute Lobbyist), Caio Koch-Weser (ehemaliger Staatssekretär und Vorsitzender des Verwaltungsrates, heute Lobbyist), Kerstin Müller (ehemalige Staatsministerin der Grünen, heute Lobbyist). Es gibt unzählige Beispiele alleine in Deutschland (siehe Anhang). Sie arbeiten heute nicht nur als Lobbyisten, sondern das haben sie schon in Ihrer Amtszeit gemacht. Als Beispiel gab Kohl dem DFB (Deutscher Fußballverband) im Jahre 1994 Steuervergünstigungen, so dass diese sich für die CDU aussprechen konnte[65]. Es werden sogar offiziell Honorare bezahlt von Unternehmen an Politiker, die sich dann positiv in ihren Reden über die Firmen aussprechen[66].

Als letztes Beispiel für Korruption in Deutschland sind die Medien. Viele denken, dass Angela Merkel die mächtigste Frau in der BRD ist. Jedoch handelt es sich eigentlich um die Frauen Springer und Mohn. Ca. 95 % der Medien stehen unter ihrer ständigen Führung und Kontrolle. Jedoch beherrschen die zwei Verlagschefinnen nicht nur die Medien, sondern auch die Kirche und die SPD (Sozialdemokratische Partei Deutschlands)[67].

Korruption wurde kurz nach dem Ersten Weltkrieg legalisiert. Man konnte die gezahlten Schmiergelder steuerlich absetzen. Warum war dies so? Seit dem Ersten Weltkrieg durchlebt die Wirtschaft eine Wandlung. Technik erlangte einen hohen Fortschritt, das Streben nach mehr hat sich durchgesetzt, der Mensch an sich ist egoistischer geworden, vor allem wenn es sich um das Management handelt. Außerdem gab es viele Krisen, die Wirtschaft war und ist am Boden. Deutschland hat damals

---

[64] Korruption, http://www.d-perspektive.de/fileadmin/Newsdateien/Vortragsmanuskript_Korruption_Graf.pdf, Abruf am 17.06.2012

[65] Korruption, http://www.d-perspektive.de/fileadmin/Newsdateien/Vortragsmanuskript_Korruption_Graf.pdf, Abruf am 17.06.2012

[66] Wirtschaftskriminalität, http://www.manager-magazin.de/lifestyle/buecher/a-300492.html, Abruf am 17.06.2012

[67] Korruption, http://www.d-perspektive.de/fileadmin/Newsdateien/Vortragsmanuskript_Korruption_Graf.pdf, Abruf am 17.06.2012

keine Kolonien in Afrika bekommen im Vergleich zu Groß Britannien, Frankreich, etc.. Somit musste sich Deutschland unter Beweis stellen, indem es Aufträge in den afrikanischen Ländern versucht haben zu bekommen, dieses geschieht dort meistens nur durch Schmiergelder. Sie wurden als „nützliche Aufwendungen" verbucht. Man erkannte sie als steuermindernde Betriebsausgaben an[68]. Modern ist jedoch heutzutage dieses zu umgehen, indem langfristige Arbeitsbeziehungen gepflegt werden, „eine Hand wäscht die Andere". Man schließt unbefristete Beraterverträge mit regelmäßigen monatlichen Zahlungen, oder man erwirbt eine Mitgliedschaft in einem Aufsichtsrat. Arbeitsverträge ohne entsprechende Arbeitsleistung sind ebenfalls Alltag in der modernen Wirtschaft[69]. Mittlerweile gibt es sogar Anwälte, Steuerberater oder allgemeine Berater die für eine entsprechende Geldsumme einem Unternehmen helfen bei Korruption nicht gefasst zu werden. Sie dienen zur Beratung.

Meistens hat Korruption einen folgenden Verlauf. Es werden externe Vermittler eingeschaltet. Ein verdeckter Geldfluss wird über die Finanzoase eröffnet. Vorzugsweise in der Schweiz wird ein Nummernkonto für den Empfänger eingerichtet. Kommissionszahlungen werden falsch deklariert. Es erfolgt meistens eine Überhöhung des Auftragspreises[70].

---

[68] Wirtschaftskriminalität, http://www.manager-magazin.de/lifestyle/buecher/a-300492.html, Abruf am 17.06.2012

[69] Wirtschaftskriminalität, http://www.manager-magazin.de/lifestyle/buecher/a-300492.html, Abruf am 17.06.2012

[70] Wirtschaftskriminalität, http://www.manager-magazin.de/lifestyle/buecher/a-300492.html, Abruf am 17.06.2012

2.4.2. URSACHEN

Das Wort „Ursache" wird im Duden definiert als: „etwas (Sachverhalt, Vorgang, Geschehen), was eine Erscheinung, eine Handlung oder einen Zustand bewirkt, veranlasst; eigentlicher Anlass, Grund.[71]" Als Synonyme werden Anlass, Ursprung, etc. genannt.

Ursachen von Korruption können sein[72]:

- Gier (Streben nach Ansehen, Geld, Macht oder anderen privaten Vorteilen)
- Beeinflussung von Rechtsprechungen
- Zeitersparnis
- Umgehung von staatlichen Auflagen
- Umgehung von staatlichen Abgaben und Steuern
- Verteilung von Subventionen, Versicherungen u. ä.
- Begünstigung privater Anbieter für öffentliche Aufträge

Es gibt zwei Hauptursachen für Korruption. Die erste ist, sich einen Vorteil zu verschaffen. Darin ist enthalten die Wettbewerber zu umgehen, staatliche Lizenzen oder Nutzungsrechte schneller zu erlangen. Der zweite Punkt wäre Kosten zu umgehen, wie Zolltarife oder allgemein Steuern.

Nicht nur die Analyse der Gründe für die Ausführung von Korruption ist dabei wichtig, jedoch ebenfalls aus welchen Gründen nach der Meinung der Gesellschaft in Deutschland Korruption eigentlich stattfindet. Diesbezüglich gab es eine Umfrage, in

---

[71] Duden, http://www.duden.de/rechtschreibung/Ursache, Abruf am 19.06.2012

[72] Korruption: Ursachen, Auswirkungen und Bekämpfungsstrategien – systematische Korruption in Lateinamerika (2011), http://www.kit10.info/Corruption_chapter1to4_PART1.pdf, Abruf am 13.05.2012

der 1537 Personen in Deutschland befragt wurden[73]. Die Hälfte der Befragten hat gesagt, dass es eine zu enge Verbindung zwischen der Politik und dem Staat gäbe. Jeweils 30 % der Befragten gaben an, dass die Verwaltung öffentlicher Gelder nicht transparent genug sei, die Strafen der Korruption sind zu mild und Politiker setzen sich nicht bei der Bekämpfung von Korruption ausreichend ein, es werden viele öffentliche Posten nicht qualifiziert besetzt. Etwa 25 % gaben an, dass sie Korruption als ein Teil des täglichen Lebens ansehen. Ca. 17 % gaben als Grund an, dass die schlechten sozialökonomischen Bedingungen, wie die niedrigen Löhne und Armut schuld an Korruption tragen. Das am meisten schockierende Ergebnis meiner Meinung nach war dagegen, dass 31 Personen sagten, dass es in Deutschland keine Korruption geben würde[74]. Wieso kommen dann die meisten korrupten Unternehmen nach der FCPA aus Deutschland? Das zeigt uns die mangelnde Aufklärung im Land und vor allem die wenigen Informationen, die es in den Medien über Korruption gibt.

Als Beispiel für die enge Zusammenarbeit von Politik und Wirtschaft ist der Lobbyismus, von Vielen als „legalisierte Korruption" bekannt.

Wie ist es eigentlich mit der Korruption bezogen auf Deutschland im Vergleich zu dem Ausland?

Dazu muss man sagen, dass die Deutschen, so wie jedes andere Land auch, ihre eigene Mentalität haben. Nicht umsonst sind zwei der größten deutschen auf der Liste der FCPA. Man sagt, dass Deutsche immer pünktlich, ordentlich sind, richtige Arbeitstiere, jedoch sind sie ebenfalls sehr pingelig. So auch im beruflichen Alltag. In den Unternehmen mit einer Compliance-Abteilung wird sehr viel von den Mitarbeitern verlangt, sie können zum Beispiel bei Daimler keine Geschenke über 30 Euro von Kunden annehmen, sie müssen regelmäßig Trainings absolvieren, es wird jeder Schritt kontrolliert – der Anteil der Bürokratie ist gestiegen, da sich die Unternehmen absichern wollen. Das sind jedoch kleine Aspekte. Vergessen werden in der Bundesrepublik Deutschland die großen und umfangreichen Sachen, sozusagen die Korruption bzw. die Wirtschaftskriminalität im großen Stil.

---

[73] Statista (2012), http://de.statista.com/statistik/daten/studie/150192/umfrage/gruende-fuer-korruption-in-deutschland/ , Abruf am 28.05.2012

[74] Statista (2012), http://de.statista.com/statistik/daten/studie/150192/umfrage/gruende-fuer-korruption-in-deutschland/ , Abruf am 28.05.2012

Nicht so wie in Deutschland, ist in einigen Ländern Korruption legal. Man kennt es unter dem Namen Bakschisch, was so viel wie Trinkgeld oder Geschenk bedeutet. Die Geldgeber sind die Industrieländer, die Nehmer sind die Entwicklungsländer meistens[75]. Angefangen von kleinen Sachen. In Marokko muss man zum Beispiel vor einem Arztbesuch, dem Arzt etwas Geld geben, damit er einen auch aufnimmt. Wenn man in Russland einen Auftrag haben möchte, muss man fast immer an die Regierung oder an dritte Personen Bakschisch bezahlen, vor allem als eine ausländische Unternehmen. In China kann man nichts bauen, ohne vorher Bakschisch bezahlt zu haben[76]. Doch gibt es wirklich keine andere Möglichkeit? Dieses wird in einer Umfrage genauer erörtert. Ca. 54 % von 500 Befragten haben demnach schon einen Auftrag verloren, da sie kein Schmiergeld bezahlen wollten. Mehr als die Hälfte habe das schon mehrere Male erlebt. Dieses war eine Befragung des Manager Magazins[77].

---

[75] Wirtschaftskriminalität, http://www.manager-magazin.de/lifestyle/buecher/a-300492.html, Abruf am 17.06.2012

[76] Schmiergelder, http://www.manager-magazin.de/unternehmen/karriere/a-197136.html, Abruf am 17.06.2012

[77] Schmiergelder, http://www.manager-magazin.de/unternehmen/karriere/a-197136.html, Abruf am 17.06.2012

2.4.3. Folgen

„Korruption führt zu hohen finanziellen Schäden und zerstört das Vertrauen in alle beteiligten Personen und Organisationen. Sie von vornherein abzulehnen und zu verhindern, schützt nicht nur unsere Mitarbeiterinnen und Mitarbeiter sondern auch das Unternehmen. Zudem ist die Bekämpfung von Korruption ein wichtiger Beitrag der Wirtschaft zur gesellschaftlichen Entwicklung." Stephan Weiner – Compliance Manager – Computacenter[78].

Wie schon in dem Zitat von Herrn Weinert gesagt worden ist, zerstört Korruption das Vertrauen, somit auch die Integrität der Menschen, die sich auf Korruption eingelassen haben – egal ob es sich um die passive oder aktive Seite handelt.

Mögliche Folgen für das Unternehmen nachdem Korruption aufgedeckt wurde, sind weitere Ermittlungen, Bußgelder und Geldstrafen, der Ausschluss von öffentlichen Aufträgen (Vorteil für die Wettbewerber), auch Zivilklagen von Wettbewerbern oder Aktionären, und eines der größten Folgen sind negative Presseberichte, wobei der Ruf geschädigt werden kann[79]. Ruf kann man nicht kaufen.

Die meisten Aktiengesellschaften, so wie zum Beispiel auch die Siemens AG, agieren international bzw. weltweit. Somit müssen die Mitarbeiter und das Unternehmen verschiedene Antikorruptionsgesetze beachten. Darunter fällt die US-Gesetzgebung, die über das FCPA (Foreign Corruption Practices Act) verfügt[80]. Für internationale Unternehmen ist dieses eines der wichtigsten Anti-Korruptionsgesetze, die es zu beachten gilt, auch ohne Notierung an der New-Yorker Börse. Sie besagt, dass es ein Verbot der Bestechung ausländischer Amtsträger gibt[81]. „Es ist strafbar einen ausländischen Regierungsvertreter entweder direkt oder indirekt, einen geldwerten

---

[78] Computacenter (Datum unbekannt),
http://www.computacenter.de/unternehmen/verantwortung/antikorruption.shtml , Abruf am 29.05.2012

[79] C. H. Niehus (2007), Korruption und Unternehmensführung, Institutionenökonomische Analysen von 20 Interventionen, 1. Auflage, Marburg, Metropolis-Verlag

[80] C. Partsch (2007), The Foreign Corrupt Practices Act (FCPA) der USA – das amerikanische Bestechungsverbot und seine Auswirkungen auf Deutschland, Lexxion Verlagsgesellschaft mbH, Berlin

[81] C. H. Niehus (2007), Korruption und Unternehmensführung, Institutionenökonomische Analysen von 20 Interventionen, 1. Auflage, Marburg, Metropolis-Verlag

Vorteil anzubieten, zu versprechen oder zu gewähren, in der Absicht, auf diesen Regierungsvertreter Einfluss zu nehmen, um Aufträge oder sonstige Vorteile zu erhalten."[82] Darüber hinaus gibt es Vorschriften zur ordnungsgemäßen Buchführung und interner Kontrolle. „Es ist erforderlich genaue und ausführliche Buchungsunterlagen zu führen, über ein internes Kontrollsystem zu verfügen, um die Richtigkeit der Bücher und Aufzeichnungen sicherzustellen und rechtswidrige Handlungen zu unterbinden."[83]

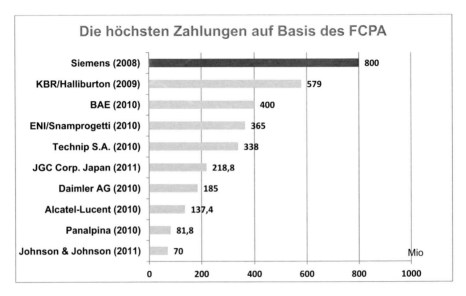

ABBILDUNG 5: FCPA[84]

Neben dem amerikanischen Gesetzt FCPA, gibt es die OECD. Das bedeutet Organisation für wirtschaftliche Entwicklung und Zusammenarbeit. Im Rahmen einer Initiative der OECD zur Korruptionsbekämpfung, hat sich in den letzten Jahren ein gesetz-

---

[82] C. H. Niehus (2007), Korruption und Unternehmensführung, Instutionenökonomische Analysen von 20 Interventionen, 1. Auflage, Marburg, Metropolis-Verlag

[83] C. H. Niehus (2007), Korruption und Unternehmensführung, Instutionenökonomische Analysen von 20 Interventionen, 1. Auflage, Marburg, Metropolis-Verlag

[84] C. H. Niehus (2007), Korruption und Unternehmensführung, Instutionenökonomische Analysen von 20 Interventionen, 1. Auflage, Marburg, Metropolis-Verlag

licher Mindeststandard entwickelt, der seither in einem Großteil der Länder dieser Welt erfüllt wird und oft sogar über die Inhalte der FCPA hinaus geht[85].

Nebenher gibt es natürlich noch die deutsche Gesetzgebung, die vom Bundesministerium der Justiz festgesetzt worden ist. Diese kann man im IntBestG „Internationale Bestechung"[86] nachlesen, im StGB §333 „Vorteilsgewährung"[87], StGB § 334 „Bestechung"[88] und im StGB §299 „Privatbestechung"[89]. Die deutsche Gesetzgebung ist für Siemens wegen des Firmensitzes und der Börsennotierung in Deutschland (München) relevant. Auch für einen großen Teil der Mitarbeiter gilt deutsches Recht aufgrund der Zugehörigkeit zu einem deutschen Standort oder ihrer deutschen Nationalität[90].

Nicht zu vergessen sind die lokalen Gesetzgebungen in den jeweiligen Ländern. Grundsätzlich gilt, dass in jedem Land strafrechtliche Regelungen zur Bekämpfung von Korruption bestehen, die auch für Siemens Geltung haben. Zum Teil gehen diese sogar inhaltlich über den FCPA hinaus[91], als Beispiel der UK Bribery Act.

Nach einer Korruptionsaufdeckung gibt es nicht nur Folgen für das Unternehmen, sondern auch für die Mitarbeiter. Es können mögliche Bußgelder und Geldstrafen entstehen, Freiheitsstrafen, Strafverfolgungen und zivilrechtliche Haftungen, interne Sanktionen, der Verlust des Arbeitsplatzes, wie das Verbot der Berufsausübung und die Schädigung des Ansehens.

---

[85] C. H. Niehus (2007), Korruption und Unternehmensführung, Instutionenökonomische Analysen von 20 Interventionen, 1. Auflage, Marburg, Metropolis-Verlag

[86] IntBestG „Internationale Bestechung"

[87] StGB §333 „Vorteilsgewährung"

[88] StGB § 334 „Bestechung"

[89] StGB §299 „Privatbestechung"

[90] N. S. Wimmer (2010), Haftungsrisiken und Compliance Maßnahmen nach dem „Foreign Corrupt Practices Act" der USA, Herbert Utz Verlag, München

[91] C. H. Niehus (2007), Korruption und Unternehmensführung, Instutionenökonomische Analysen von 20 Interventionen, 1. Auflage, Marburg, Metropolis-Verlag

Es gibt auch Folgen für die Gesellschaft und für die Volkswirtschaft[92], die nicht zu unterschätzen sind. Viele wissen es nicht, jedoch verursacht Korruption einen jährlichen Gesamtschaden in Milliardenhöhe alleine in Deutschland und das nicht nur wegen den unbezahlten Steuern. Es werden öffentliche Ressourcen verschwendet, die Entwicklung des Privatsektors und der Investitionen wird gehemmt, außerdem wird die demokratische Struktur gefährdet (keine freie Marktwirtschaft). Menschenrechte werden dadurch meistens ebenfalls verletzt. Korruption stoppt sogar das Wirtschaftswachstum, indem die Produktivität eines Landes gesenkt wird und dieses hat einen negativen Einfluss auf die Nettokapitalimporte[93].

---

[92] C. H. Niehus (2007), Korruption und Unternehmensführung, Instutionenökonomische Analysen von 20 Interventionen, 1. Auflage, Marburg, Metropolis-Verlag

[93] Bundeszentrale für politische Bildung (2012), http://www.bpb.de/apuz/32249/korruption-als-wachstumsbremse?p=all, Abruf am 28.05.2012

2.4.4. BEKÄMPFUNG

Eine der wichtigsten gegründeten Organisationen zur Bekämpfung von Korruption ist die Transparency International. Es ist die größte staatlich unabhängige Organisation, die sich mit dem Kampf gegen Korruption weltweit einsetzt[94]. Ziel ist es, das öffentliche Bewusstsein über die Folgen von Korruption den Menschen zu vermitteln und das nationale sowie das internationale Integritätssystem zu stärken. Die vier Grundprinzipien sind Integrität, Verantwortlichkeit, Transparenz und Partizipation der Gesellschaft[95].

Seit dem Beitritt der neuen EU-Länder 2004, wurden außerdem einige Punkte für die Bekämpfung von Korruption in dem EU-Vertrag hinzugefügt. Es wird ein starkes politisches Engagement auf höchster Ebene gehandhabt. Die Überwachung und die Stärkung wurden gefördert. Es wurden mehr Mitarbeiter diesbezüglich geschult und direkt für das Thema Korruption eingestellt. Es wurde auch ausdrücklich darauf hingewiesen, dass auch wenn die Europäische Gemeinschaft einen finanziellen Nachteil haben wird, so wird Korruption konsequent bekämpft. Es wurde gemeinsam mit allen zugehörigen Ländern ein gemeinsamer Integritätsstandard für die öffentliche Verwaltung weiterentwickelt. Außerdem stärkt die Europäische Union den privaten Sektor bei der Stärkung von Verantwortung und Integrität. Im Falle eines neuen Beitrittslandes, Bewerberlandes oder Drittlandes, wird der Aspekt der Korruption im Rahmen von Kommunikation und einem Dialog behandelt bzw. weiterentwickelt und bekämpft. Deshalb wird in der EU die Korruption nicht nur intern bekämpft, sondern auch mit Außen- und Handelspartnern[96].

Man kann Korruption nicht messen, da wir nicht wissen wie viele Fälle in der Vergangenheit nie aufgedeckt wurden, wie auch in der Gegenwart. Jedoch am Beispiel

---

[94] U. Weidenfeld (2011), Nützliche Aufwendungen? Der Fall Siemens und die Lehren für das Unternehmen, die Industrie und die Gesellschaft, 1. Auflage, München, Piper Verlag GmbH

[95] Transparency International (2012), http://www.transparency.de/UEber-uns.44.0.html, Abruf am 13.05.2012

[96] Europa (Datum unbekannt), http://europa.eu/legislation_summaries/fight_against_fraud/fight_against_corruption/l33301_de.html , Abruf am 29.05.2012

Polens (EU-Beitrittsland 2004), sind dort die Korruptionsskandale zurück gegangen, da Polizisten und allgemein allen Mitarbeitern in der öffentlichen Verwaltung, Prämien für die Aufdeckung von Korruption angeboten wurden.

Die Due Dilligence Prüfung, die sogenannte Integritätsprüfung ist ebenfalls eine Bekämpfungsmaßnahme.

Ein weiterer Aspekt zur Bekämpfung von Korruption ist das Monitoring. Falls ein Unternehmen in der Vergangenheit durch korruptes Verhalten aufgefallen ist und Strafen an die FCPA bezahlen musste, so werden diese Unternehmen weltweit vom Monitor beobachtet. Das sind meistens ehemalige Mitarbeiter des FBI, die das Unternehmen jederzeit ohne Vorwarnung und ohne Angaben von Gründen kontrollieren können. Diese Mitarbeiter geben jedes halbe Jahr einen Monitor-Bericht ab, der geheim gehalten wird. Dieser Bericht beinhaltet die Risiken einer Korruption und anderen unethischen Aspekten[97]. Die Siemens AG und die Daimler AG sind unter anderen zwei Unternehmen, die unter Beobachtung stehen.

Es gibt jedoch viele andere Möglichkeiten, wie man Korruption noch bekämpfen könnte. Unter anderem das Anbieten von Prämien für Unternehmen oder Steuererleichterungen. Integrität sollte gesetzlich verankert und strenger kontrolliert werden. Ein Argument wäre den Unternehmen bestimmte Anreize zu geben. Die Unternehmen sollten vom Wettbewerb ausgeschlossen werden, wenn sie korrupt sind. Außerdem könnte die Bankwirtschaft den Unternehmen Investitionen verbieten, wenn sie nicht gewisse ethische Standards befolgen[98].

Es ist wichtig die Einhaltung von Gesetzen zu beachten und sogar darüber hinaus zu agieren. „Compliance" wird heutzutage sehr stark von Unternehmen weiter entwickelt um öffentlich ein integres Gesicht zu bewahren. „Compliance" ist ein englischer Begriff, der im wirtschaftlichen Bereich noch neu ist. Der Begriff beschreibt die Ein-

---

[97] C. H. Niehus (2007), Korruption und Unternehmensführung, Instutionenökonomische Analysen von 20 Interventionen, 1. Auflage, Marburg, Metropolis-Verlag

[98] E. Waibl (2005), Angewandte Wirtschaftsethik, 1. Auflage, Stuttgart, Deutsche Bibliothek

haltung sämtlicher gesetzlicher Pflichten, Vorschriften und Richtlinien, die für ein Unternehmen relevant sind[99].

Es gibt einige Problematiken zu der Bekämpfung von Korruption in der heutigen Wirtschaft. Als Beispiel ist es die Mitarbeiterführung, in der es meistens heißt, wenn jemand erfolgreich ist, dann ist das der Verdienst des Chefs, wenn etwas jedoch schief läuft ist es immer die Schuld der Mitarbeiter[100]. Die Voraussetzung für Führungskräfte sollte eine gewisse Integrität sein, die jeder Chef haben sollte.

Ein weiteres Problem ist, dass die Wirtschaft immer maßgebliche Fakten liefern sollte. Wenn man jedoch etwas immer verschönert, so verliert man an Glaubwürdigkeit. Man beeindruckt jemanden kurzfristig, aber nach einiger Zeit verliert das Unternehmen an Integrität und wie man heutzutage sehen kann, nach einigen Vorfällen dieser Art verliert sogar die Weltwirtschaft an Glaubwürdigkeit[101].

Geschichtlich gesehen sagt man in Deutschland, dass seit Mitte der 90er Jahren die Bestechung jährlich sehr stark zunimmt. Meiner Meinung nach, ist dieses nicht richtig, da es Korruption schon immer gab, neu ist jedoch dass man diese aufdeckt und diese immer mehr bekämpfen will[102]. Natürlich ist aber auch der Verdrängungswettbewerb größer geworden, es gibt teilweise eine Verrohung der Sitten. Die Wirtschaftskriminalität, vor allem wenn es sich um die Korruption handelt, hat zugenommen. Es gibt Druck von allen Seiten, vor allem in Zeiten der Wirtschaftskrise. Es herrscht Angst um Arbeitsplätze. Dagegen ist dieses von Land zu Land unterschiedlich. Man kann es nicht Verallgemeinern. Als Beispiel gab es in Polen schon immer Korruption, jedoch haben die Menschen immer mehr Angst vor Kontrollen, weshalb sich dieses minimiert hat, vor allem seit dem Eintritt in die Europäische Union im Mai 2004. In Deutschland wird dieses eher verstärkt. Sogar in den 90er Jahren sagt der damalige Hauptgeschäftsführer des Bundesverbandes der Deutschen Industrie (BDI) Ludolf von Wartenberg, dass Korruptionssünder nicht gleich auf eine „schwarze

---

[99] Compliance: Definition und Begriffabgrenzung, http://130.75.63.115/upload/lv/wisem0708/SeminarIT-Trends/html/np/html/def.pdf, Abruf am 09.07.2011

[100] E. Waibl (2005), Angewandte Wirtschaftsethik, 1. Auflage, Stuttgart, Deutsche Bibliothek

[101] E. Waibl (2005), Angewandte Wirtschaftsethik, 1. Auflage, Stuttgart, Deutsche Bibliothek

[102] L. Hoeth (2008), Siemens – wohin? Dokumentation und Gedanken zum Korruptionsskandal, 1. Auflage, Diplomarbeit, Norderstedt, Books on Demand GmbH

Liste" eingetragen werden sollten, da sie sonst von öffentlichen Aufträgen ausgeschlossen werden. Trotz dieser Aussage sagt der BDI von sich, dass sie eine stärkere Bekämpfung der Korruption in den Unternehmen fordern[103]. Schließen sich beide Aussagen nicht aus?

Eine weitere Problematik in Deutschland für die Bekämpfung der Korruption sind die rechtlichen Defizite. Die im Jahr 2003 beschlossene UN-Konvention kann in Deutschland nicht umgesetzt werden, da man die Gesetze zur Korruption verschärfen müsste. Somit können die Unternehmen hier nicht zur Verantwortung gezogen werden, so wie in den Vereinigten Staaten, sondern die Unternehmen können sich hier aus der Affäre ziehen, indem sie einfach nur die verantwortlichen Manager entlassen[104].

Jedoch ist die Frage, vor allem wenn es sich um den Fall der Siemens AG handelt: ist es möglich für Unternehmen, die ohne Korruption arbeiten, in korrupten Regionen der Welt überhaupt ein Geschäft zu machen?

Unternehmen haben viele Regeln zu befolgen. Diese Tatsache ist für uns nicht neu, jedoch neu sind die Transparenz und die daraus entstehende Erwartungshaltung der Kapitalgeber und der Öffentlichkeit. Diese stützt die organisatorischen Maßnahmen im Unternehmen, um eine ordnungsgemäße Unternehmensführung zu gewährleisten[105]. Themenbeispiele für den Bereich „Compliance" sind u.a.[106][107]: kriminelle Handlungen, Finanzsanktionen, Marktmissbrauch, Interessenkonflikte, Insiderhandel (Insiderinformationen für Börsengeschäfte, Datenschutz, Geldwäsche), Arbeitsschutz, Kontrolle der Rechnungslegung, Korruption, Interne Standards (Verhaltensrichtlinien), die Umwelt, Betrug.

---

[103] L. Hoeth (2008), Siemens – wohin? Dokumentation und Gedanken zum Korruptionsskandal, 1. Auflage, Diplomarbeit, Norderstedt, Books on Demand GmbH

[104] L. Hoeth (2008), Siemens – wohin? Dokumentation und Gedanken zum Korruptionsskandal, 1. Auflage, Diplomarbeit, Norderstedt, Books on Demand GmbH

[105] Wikipedia (2011), Compliance, http://de.wikipedia.org/wiki/Compliance_(BWL), Abruf am 15.07.2011

[106] Der Begriff Compliance: kurz definiert, http://www.compliance-net.de/node/19, Abruf am 15.07.2011

[107] Wikipedia (2011), Compliance, http://de.wikipedia.org/wiki/Compliance_(BWL), Abruf am 15.07.2011

Integrität und Recht ist in einigen Unternehmen in Deutschland sogar ein neues Vorstandsressort geworden. Die Unternehmen versuchen damit ein neues Ziel zu verfolgen, indem sie eine neue Unternehmenskultur schaffen und diese den gesetzlichen, wie auch den ethischen Ansprüchen anpassen. Die Aufgaben sind hierbei: eine nachhaltige Verankerung von Compliance und Integrität im gesamten Unternehmen, sowie von allen Geschäftspartnern weltweit. Somit werden weltweit Prozesse nach Compliance umstrukturiert und es werden bestimmte Kontrollen eingeführt, so dass man die Geschäftsethik permanent an das Unternehmen bindet[108].

Die Aufgaben eines Vorstandes für Integrität und Recht werden so festgesetzt, dass man die Beachtung von Recht und Ethik sicherstellen kann, kulturelle Verankerung in den Köpfen schafft und einen gesunden Menschenverstand einschaltet. Man sollte Rechtsverletzungen nicht tolerieren, aber auch nicht alles verbieten. Man muss das Vertrauen in die Glaubwürdigkeit der Regeln fördern, aber auch im Fehlverhalten bzw. in der Missachtung Konsequenzen ziehen. Das Bewusstsein der Öffentlichkeit ist durch die kritische Situation momentan sensibler geworden. Jedoch ist Compliance nicht die Polizei, sondern Compliance soll das Risiko minimieren, präventiv zu wirken. Die Abteilung soll aufklären über interne wie auch allgemeine Regelungen. Sie soll als Berater zur Seite stehen, falls es Fragen gibt. Sie soll beschließen mit wem man Geschäfte macht und mit wem nicht[109].

---

[108] Daimler AG, http://ar2010.daimler.com/cms/de/lagebericht/geschaeft-und-rahmenbedingungen/neues-vorstandsressort-integritaet-und-recht, Abruf am 04.11.2011

[109] C. H. Niehus (2007), Korruption und Unternehmensführung, Instutionenökonomische Analysen von 20 Interventionen, 1. Auflage, Marburg, Metropolis-Verlag

3. SIEMENS AG

3.1. AKTIENGESELLSCHAFT

Was genau bedeutet eine Aktiengesellschaft im Zusammenhang mit Wirtschaftsethik? Aktiengesellschaften sind Gesellschaften, die den Aktionären gehören. Aus dieser Feststellung her raus muss klar gesagt werden, dass alle unternehmens- und kursrelevanten Informationen den Anlegern gehören – und zwar allen gleichermaßen. Deshalb ist die Aufgabe der Unternehmensleitung regelmäßig, umfassend und wahrheitsgetreu die Aktionäre zu informieren. Je nachdem kann der Inhaber der Aktien beschließen, ob er die Anteile am Unternehmen beibehalten möchte, oder ob er diese verkaufen möchte. „Schönredende Berichterstattung" ist somit irreführend für die Investoren. Jedoch werden schlechte Nachrichten oft verschwiegen. Als Grund wird in diesem Zusammenhang von den Unternehmen gesagt, dass auf Grund von negativen Nachrichten, die Investoren die Anteile verkaufen könnten, das verringert die Aussichten das Unternehmen doch noch retten zu können[110].

Wieso ist es wichtig die Informationen noch mit der Öffentlichkeit zu teilen? Als Beispiel nenne ich Fusionen und Übernahmeabsichten. Die AG ist verpflichtet die Öffentlichkeit so schnell wie möglich über Fusionen und Übernahmeabsichten zu informieren. Wenn dieses jedoch mit zeitlichem Abstand weitergegeben wird, dann besteht für die früher Informierten Personen die Möglichkeit einen Nutzen aus der Information zu ziehen[111].

Somit ist eine rasche Informationsweitergabe wichtig für:

- die Gleichbehandlung aller Marktteilnehmer
- Sicherstellung der Markttransparenz
- Eine Vorkehrungsmaßnahme gegen Insider-Geschäfte

---

[110] E. Waibl (2005), Angewandte Wirtschaftsethik, 1. Auflage, WUV Universitätsverlag

[111] E. Waibl (2005), Angewandte Wirtschaftsethik, 1. Auflage, WUV Universitätsverlag

Aktionäre sollten unter der Voraussetzung der Stakeholder-Theorie nicht nur für möglichst viel Wertsteigerung und Dividenden sein, sondern sie sollten auch die Verantwortung übernehmen für wichtige Aspekte wie zum Beispiel die Beachtung des Umweltschutzes. Dieses kann auch den geschäftlichen Erfolg fordern, auch wenn man manchmal die Schmälerung des Gewinns hinnehmen muss. Auf lange Sicht kann sich das auszahlen[112]. Ohne Korruption muss man keine Schmiergelder mehr bezahlen, um einen Auftrag zu bekommen, außerdem fördert man damit das Image des Unternehmens.

Die Aktionäre sollten sich ebenfalls mit Themen wie der Sicherung von Arbeitsplätzen, der Produktauswahl, mit der Bankwirtschaft und der Börse auseinandersetzen. Die Wirtschaftspolitik sollte dazu aufgerufen sein intensiver über Anreizsysteme nachzudenken, dass die Aktionäre auch über ethische Hintergründe nachdenken. Derjenige der nach Tariflohn arbeitet sollte Begünstigungen bekommen, evtl. Steuernachlässe nach guter Führung. Waffenproduzenten sollten nur Aufträge bekommen, wenn sie einen Betriebsrat haben. Man sollte eine schwarze Liste in Deutschland führen, in der Unternehmen eine beschränkte Macht haben, bzw. nur beschränkte Aufträge bekommen, wenn sie durch Wirtschaftskriminalität und vor allem durch Korruption auffallen, egal ob national oder international. Kredite sollten auch nicht vergeben werden, wenn man auf der schwarzen Liste steht. Als Beispiel kann man Betriebsräte heutzutage nicht einfach kündigen, weshalb sie dadurch privilegierter sind, und somit auch auf die Interessen der Mitarbeiter eingehen können und nicht korrupt sind und nur im Interesse des Unternehmensgewinns arbeiten[113].

---

[112] E. Waibl (2005), Angewandte Wirtschaftsethik, 1. Auflage, WUV Universitätsverlag

[113] E. Waibl (2005), Angewandte Wirtschaftsethik, 1. Auflage, WUV Universitätsverlag

3.2. Details Siemens AG

Die Siemens AG ist eine Aktiengesellschaft, die 1847 gegründet wurde von Werner von Siemens als „Telegraphen-Bauanstalt von Siemens und Halske".

Der Firmensitz befindet sich in Berlin und München. Die AG zählt zu den weltweit größten und traditionsreichsten Unternehmen. Sie sind Marktführer auf allen Arbeitsgebieten mit ca. 360000 Mitarbeitern[114]. Davon arbeiten etwa 64 Tausend Mitarbeiter im Management und 6500 Personen im Senior Management. Das Senior-Management hat die Befugnis, Entscheidungen mit erheblichen Auswirkungen auf das Unternehmen direkt und ohne Absprache zu treffen[115].

Im Jahr 2011 erzielte die AG einen Umsatz von 73,515 Mrd. Euro[116].

Der Hauptsitz des Unternehmens befindet sich in Deutschland. Mit rund 116000 Mitarbeitern nur in Deutschland und einigen tausend Auszubildenden ist die Aktiengesellschaft einer der größten deutschen Arbeitgeber und Ausbildender.

Die Siemens AG ist heute in vier Sektoren gegliedert[117]:

- Energy
- Healthcare (medizinische Bildgebung, Labordiagnostik, Krankenhau Informationstechnologie, Hörgeräte)
- Industry
- Infrastructure Cities

---

[114] Siemens AG (2012), www.siemens.de, Abruf am 10.06.2012

[115] L. Hoeth (2008), Siemens – wohin? Dokumentation und Gedanken zum Korruptionsskandal, 1. Auflage, Diplomarbeit, Norderstedt, Books on Demand GmbH

[116] Siemens AG (2012), www.siemens.de, Abruf am 10.06.2012

[117] Siemens AG (2012), www.siemens.de, Abruf am 10.06.2012

4. KORRUPTIONSSKANDAL DER SIEMENS AG (2006)

Im Jahr 2002 sagte der Siemens-Chefstratege Feldmayer, dass die Qualität der Führung nachweisbar in unmittelbarem Zusammenhang mit dem wirtschaftlichen Erfolg steht, jedoch 2008 sorgen sich Mitarbeiter um die Zukunft des Unternehmens, nicht wegen der schlechten Geschäfte, sondern weil viele Führungskräfte ihre Aufgaben falsch verstanden haben. Siemens betonte immer wieder, dass sie Korruption nicht toleriere, deswegen sei sie auch der Transperancy International beigetreten. Sie sagten, dass Vorraussetzung für Global Players die Nachhaltigkeit sei.

Jedoch ab November 2006 verlief alles anders als gedacht. Die Siemens AG wurde von der Staatsanwaltschaft aufgedeckt – damit fing auch der größte aufgedeckte Korruptionsskandal der Weltgeschichte an. Im Nachhinein wurden 1,3 Milliarden Euro entdeckt, die in „Schwarze Kassen" geflossen sind. Es gab ein ausgeklügeltes Schmiergeldsystem. Manager fuhren mit Kopfern voller Bargeld ins Ausland oder schleusten Millionenbeträge über Tarnfirmen und Scheinkonten um die ganze Welt. Es werden dabei auch nur bestimmte Namen genannt, jedoch ist das alles ein System hinter dem sehr viele Menschen stehen, die mitgemacht haben. So etwas schafft in einem Unternehmen nicht nur eine Person. Meistens sind die genannten Namen nur die Spitze der Eisberge. Genau dies ist die Bedrohung, da es so viel mehr Personen sind, die keine Skrupel vor Wirtschaftskriminalität haben[118].

50 Millionen Euro gingen an die Betriebsräteorganisation AUB, damit wollte das Unternehmen ein arbeitsfreundliches Gegengewicht zur IG Metall schaffen.

Um unbequeme Gewerkschaften unter Druck zu setzen nutzte Siemens auch andere Methoden: man ließ im Jahr 2003 die beiden führenden Betriebsräte der Telefon-Sparte überwachen.

---

[118] L. Hoeth (2008), Siemens – wohin? Dokumentation und Gedanken zum Korruptionsskandal, 1. Auflage, Diplomarbeit, Norderstedt, Books on Demand GmbH

4.1. Das Geschehen

4.1.1. Verlauf National

In Deutschland durchsucht die Wirtschaftsprüfungsgesellschaft KPMG die Siemens AG. Die US-Börsenaufsicht, die weltweit als die schärfste gilt wenn es sich um Korruption handelt, ermittelt ebenfalls gegen die Aktiengesellschaft. Hierbei handelt es sich um die SEC (Securities and Exchange Commission). Nicht nur die ausländischen Regierungen und Deutschland ermitteln gegen Siemens, sondern auch die Weltbank[119]. Durch die Zeit des Korruptionsskandals gibt es immer neue Erkenntnisse. Manager, Mitarbeiter wie auch Externe Mitarbeiter sind Zeugen aber auch Schuldige an dem Skandal. Viele Personen wurden ebenfalls gekündigt, sind abgegangen oder wurden verhaftet und in Untersuchungshaft vernommen[120].

Ausschlaggebend für die Ermittlungen gegen Untreue der Siemens AG ist ein anonymer Brief eines ehemaligen Mitarbeiters der AG im Jahre 2005. Die Details wurden bis heute nicht veröffentlicht. Außerdem gab es einen Geldwäscheverdacht in der Schweiz[121]. Ein ganzes Jahr untersuchte die Münchner Staatsanwaltschaft das Unternehmen geheim[122].

Am 15.11.2006 durchsuchen mehrere Tausende Polizisten, Anwälte und Staatsanwälte die AG genauestens. Ein Tag später kam es schon zu den ersten Verhaftungen. Es wurde unter anderem der Ex-Siemens Bereichsvorstand Ganswindt verhaftet und vier andere Mitarbeiter. Er ließ seine Führungskräfte über 200 Millionen Euro veruntreuen und mit dem Geld sollte man Aufträge beschaffen –

---

[119] . Weidenfeld (2011), Nützliche Aufwendungen? Der Fall Siemens und die Lehren für das Unternehmen, die Industrie und Gesellschaft, München, Piper Verlag GmbH

[120] Korruptionsskandal Siemens (2008), http://www.nci-net.de/Archiv/Recht/Korruption/Siemens-Korruption-Aufklaerer.png, Abruf am 10.06.2012

[121] Korruptionsskandal der Siemens AG Chronologie, Wirtschaft Online (2006), http://wirtschaft.t-online.de/millionenbetraege-in-der-schweiz-eingefroren/id_13357672/index, Abruf am 19.07.2012

[122] Korruptionsskandal Siemens (2008), http://www.nci-net.de/Archiv/Recht/Korruption/Siemens-Korruption-Aufklaerer.png, Abruf am 10.06.2012

in einem Zeitraum von 7 Jahren. Es wurde eine Summe von ca. 420 Millionen Euro abgezweigt. Er sagte, dass er von Korruption im Unternehmen gewusst habe[123].

Am 17.11.2006 wurden schon Millionenbeträge in der Schweiz, Österreich (40 Mio.) und Griechenland (60 Mio.) eingefroren[124].

Einen Tag später wurde das Büro des damaligen Vorstandsvorsitzenden Kleinfeld durchsucht. Jedoch wurde der Manager nicht verhaftet, sondern er wurde Zeuge im Prozess.

Am 22.11.2006 wurde bekannt, dass ca. 70 Mio. Euro aus Schwarzkonten an Syrien und Nigeria gezahlt wurde, u.a. auch für hohe Politiker in Nigeria (ehemaliger Präsident Sani Abacha). Als Argument wurde gesagt, dass man in Afrika keine Chance hätte an Aufträge zu kommen ohne Schmiergelder[125].

Die kleine Compliance-Abteilung der Siemens AG versuchte die Korruption in ihrem Unternehmen zu vertuschen kam am 27.11.2006 raus. Daniel Noa, ehemaliger Oberstaatsanwalt und Leiter der Compliance-Abteilung berichtet dem Siemens Zentralvorstand und dem Siemens Aufsichtsrat regelmäßig von Korruptionsvorfällen.

Am 05.12.2006 kommt heraus, dass die Siemens AG auch die griechische Regierung bestochen hatte, um bei den Olympischen Spielen 2004 an einen Auftrag zu kommen bezogen auf die Sicherheitssysteme[126].

Ende des Jahres 2006 wird die Siemens AG aus der Antikorruptionsorganisation Transparency International ausgeschlossen[127].

---

[123] L. Hoeth (2008), Siemens – wohin? Dokumentation und Gedanken zum Korruptionsskandal, Lutz Hoeth, Norderstedt

[124] Korruptionsskandal der Siemens AG Chronologie, Wirtschaft Online (2006), http://wirtschaft.t-online.de/millionenbetraege-in-der-schweiz-eingefroren/id_13357672/index, Abruf am 19.07.2012

[125] Korruptionsskandal der Siemens AG Chronologie, Wirtschaft Online (2006), http://wirtschaft.t-online.de/siemens-mitarbeiter-gesteht-schmiergeldzahlungen-/id_13357340/index, Abruf am 19.07.2012

[126] Korruptionsskandal der Siemens AG Chronologie, Wirtschaft Online (2006), http://wirtschaft.t-online.de/siemens-manager-packt-aus/id_13357168/index, Abruf am 19.07.2012

[127] Korruptionsskandal der Siemens AG Chronologie, Wirtschaft Online (2006), http://wirtschaft.t-online.de/chronologie-der-siemens-affaere/id_12982350/index, Abruf am 19.07.2012

Anfang 2007 fordert der Aufsichtsrat, dass Pierer, der damalige Aufsichtsratvorsitzende zurücktritt, welches er auch tut. Heute kann man nicht genau sagen ob Pierer von der Korruption um sich herum wusste[128].

Johannes Feldmayer (Manager der Siemens AG) musste 2007 in Untersuchungshaft. Er hat Siemens auf Unis vertreten und dort vorgetragen wie wichtig Innovation sei, er bekam von der Technischen Universität Berlin eine Ernennungsurkunde als Honorarprofessor in der Fakultät Wirtschaft und Management im Oktober 2006 (ein Monat bevor der Korruptionsskandal der Siemens AG aufflog)[129]. Ironie des Schicksals? Er war damals im Vorstand und zuständig für IT, Immobilien, Global Shared Services, Corporate Information Office und Europa. Er soll 15,5 Millionen Euro veruntreut haben. Wurde angezeigt und verurteilt wegen Steuerhinterziehung, Untreue, Betrug[130].

Mitte April 2007 tritt Kleinfelds zurück als Vorstandsvorsitzender und an seine Stelle tritt am 20.05.2007 Peter Löscher sein Amt an, der keine leichte Aufgabe übernimmt[131].

Ende des Jahres 2007 hat Siemens aus der Aufdeckung keine Ressonanzen gezogen, da sie einem EU-Beamten einen Jaguar versprechen für die Unterstützung bei der Aquisition.

Die AUB Büros in Erlangen, München und Nürnberg wurden durchsucht und die Unglaubwürdigkeit der Siemens Compliance-Maßnahmen wurden bestätigt. Schelsky (Ex-Betriebschef), der AUB-Vorsitzender wurde jahrelang bestochen, damit die Siemens AG immer treue Mitarbeiter in den Betriebsrat bekommt. Das heißt die Siemens AG hat Mitarbeiter für den Betriebsrat gekauft. Betriebsratswahlen wurden

---

[128] Korruptionsskandal Siemens (2008), http://www.nci-net.de/Archiv/Recht/Korruption/Siemens-Korruption-Aufklaerer.png, Abruf am 10.06.2012

[129] Korruptionsskandal Siemens (2008), http://www.nci-net.de/Archiv/Recht/Korruption/Siemens-Korruption-Aufklaerer.png, Abruf am 10.06.2012

[130] L. Hoeth (2008), Siemens – wohin? Dokumentation und Gedanken zum Korruptionsskandal, Lutz Hoeth, Norderstedt

[131] L. Hoeth (2008), Siemens – wohin? Dokumentation und Gedanken zum Korruptionsskandal, Lutz Hoeth, Norderstedt

ebenfalls beeinflusst[132]. Schelsky hat 34 Millionen Euro veruntreut (AUB). 2006 bekam Schelsky alleine 8 Millionen Euro, Schelsky hatte Rechnungen ausgestellt und die gingen nicht alle zu Siemens sondern die meisten an Privatadressen unter anderem vom Feldmayer. Schelsky war ein Lobbyist, der für Siemens tätig war. Der Konzern verlangte nie Rechenschaft[133].

Während des Verlaufs des Korruptionsskandals sind Mitarbeitern nicht wirklich Auffälligkeiten oder Veränderungen aufgefallen. Wie man in meinem Anhang sehen kann habe ich ein Interview geführt mit einem früheren Auszubildenden der Siemens AG, der in den Jahren von 2005 bis 2007 bei Siemens gearbeitet hat. Es wurden Merkblätter ausgeteilt und aufgehängt. Die Mitarbeiter wurden belehrt, dass Sie den Ermittlern keine Fragen beantworten sollten, anstatt zu sagen dass sie kooperieren sollten mit den Ermittlern. Das Unternehmen hat sich dadurch abgesichert. Es entstand somit für die Mitarbeiter auch ein gewisser Druck.

Einen detaillierten und übersichtlichen Verlauf kann man im Anhang nachverfolgen.

---

[132] L. Hoeth (2008), Siemens – wohin? Dokumentation und Gedanken zum Korruptionsskandal, Lutz Hoeth, Norderstedt

[133] Korruptionsskandal Siemens (2008), http://www.nci-net.de/Archiv/Recht/Korruption/Siemens-Korruption-Aufklaerer.png, Abruf am 10.06.2012

4.1.2. Verlauf International

Nicht nur in Deutschland, sondern auch international bzw. weltweit wird Siemens durchsucht. Dabei fällt auf, dass nicht nur Bestechungsgelder in Deutschland gezahlt wurden, sondern auch im Arabischen Raum, in Asien, in Norwegen (am 17.12.07 zieht das Norwegische Militär Siemens von Aufträgen aus), in Frankreich, im Sudan (ziehen sich am 21.01.2007 aus dem Sudan weg), in Österreich, in China, in Israel, in Argentienien, in Costa Rica, in Indonesien, in Serbien (Vergabe eines EU-Vertrags), in Griechenland, in Russland und in anderen vielen Ländern[134].

Es gab Schwarzgeldkonten in Lichtenstein, dubiose Zahlungen und Scheinfirmen in mehr als 50 Ländern, über vier Kontinente. In Argentinien wurde ermittelt: vor der Wahl des Präsidenten Eduardo Duhalde, sollten 100 Millionen US-Dollar für Schmiergelder vorgesehen sein, Scheinfirmen in Costa Rica. Über diese Konten sollten, die Schmiergelder gezahlt werden an Argentinien. In China wurde ein Krankenhaus bestochen. Das Geld auf den Konten in Lichtenstein war für die Schmiergelder an dem Kraftwerksbau in Indonesien gedacht. Es gab eine Milliarde dubioser Zahlungen zwischendruch überall auf der Welt. In Griechenland wurden Politiker und Parteien bestochen um an lukrative Aufträge zu kommen. In Russland wurden ebenfalls Schmiergelder gezahlt, jedoch war das das einzige Land, welches keine Anklage erhoben hatte[135].

---

[134] Korruptionsskandal Siemens (2008), http://www.nci-net.de/Archiv/Recht/Korruption/Siemens-Korruption-Aufklaerer.png, Abruf am 10.06.2012

[135] Weidenfeld (2011), Nützliche Aufwendungen? Der Fall Siemens und die Lehren für das Unternehmen, die Industrie und Gesellschaft, München, Piper Verlag GmbH

4.1.3. Aktienkursverlauf

Über die Zeit des Korruptionsskandals hat sich der Aktienkurs nicht zum negativen Entwickelt, im Gegenteil. Wie man sehen kann, gab es hin und wieder einen leichten Fall, doch im Großen und Ganzen hat sich der Aktienkurs ins Positive verändert, anstatt, dass er durch die negativen Pressemitteilungen zurück geht, haben Börsenaktivisten trotzdem Siemens-Aktien gekauft. Wie man sieht, haben die Aktionäre nicht auf den wirtschaftsethischen Bereich geachtet. Sie haben, wie man sehen kann auf den Gewinn geachtet. Im ersten Quartal des Jahres 2007 gab es eine Steigerung zum Vorjahr. Und erst nach dem Abschluss des Falles gab es einen tiefen Fall, wahrscheinlich hatte dieses etwas mit der Weltwirtschaftskrise zu tun, jedoch sollte man den ersten Anstieg nicht missachten.

Hier noch ein Verlauf[136]:

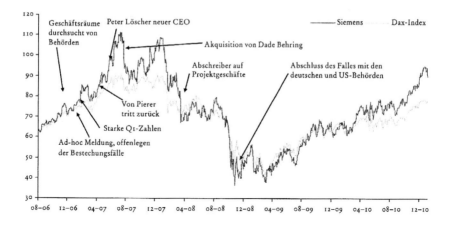

ABBILDUNG 6: SIEMENS AKTIENKURS IN EURO UND ENTWICKLUNG DES DAX INDEX[137]

---

[136] Weidenfeld (2011), Nützliche Aufwendungen? Der Fall Siemens und die Lehren für das Unternehmen, die Industrie und Gesellschaft, München, Piper Verlag GmbH

[137] Weidenfeld (2011), Nützliche Aufwendungen? Der Fall Siemens und die Lehren für das Unternehmen, die Industrie und Gesellschaft, München, Piper Verlag GmbH

4.1.3. Das Compliance-System der Siemens AG

Anbei eine Darstellung des Siemens Prozesses, wobei klar werden muss, dass viele Mitarbeiter, wie aber auch Manager von der Korruption im Konzern wussten. Angefangen von den Mitarbeitern. Das Compliancesystem hat schon damals besagt, dass wenn man Korruption sieht, man diese sofot melden soll an das BPO (Business Practice Office), welches hierbei die Arbeitsgruppe darstellt. Diese arbeitete mit Hans Otto Jordan zusammen, der alle Korruptionen geprüft hatte. Die Arbeitsgruppe unterstützte ebefalls den Compliance-Berater der Fairfes Group, der das Unternehmen kontrollierte. Aber nicht nur diese wurden unterstützt, sondern auch die Debevoise & Plimpton LLP, die mit der Deloitte Touche Tohmatsu zusammen arbeitete, einer amerikanischen Wirtschaftsprüfungsgesellschaft, die wiederrum aber auch mit der KPMG (Deutsche Wirtschaftsprüfungsgesellschaft) zusammenarbeitete. Diese berichtete an den Siemens Aufsichtsrat, wenn es zu Korruptionsvorfällen gekommen sei. Der Aufsichtsrat hat jedoch nicht nur externe Informationen bekommen, sondern auch von dem ehemaligen Compliance-Abteilungsleiter, der ebenfalls den Siemens Zentralvorstand informiert. Der ehemalige Zentralvorstand Jürgen Radomski hat die Arbeitsgruppe ebenfalls kontrolliert, so dass die Berichte an alle Zentralvorstände der Siemens AG adäquat seien.

Ein Resumee aus dem System ist, dass man nicht genau nachweisen kann, ob jeder genau informiert wurde und informiert hat. Man kann nicht genau sagen, ob es im Prozess zu Fehlern gekommen ist. Das System ist komplex. Man kann davon ausgehen, dass es kein Hinderniss war wichtige Informationen zu vertuschen, da die KPMG und andere Organisationen erst genausten Sachverhalten nachgehen dürfen[138].

Die beigefügte Darstellung sollte dieses noch einmal veranschaulichen:

---

[138] Korruptionsskandal Siemens (2008), http://www.nci-net.de/Archiv/Recht/Korruption/Siemens-Korruption-Aufklaerer.png, Abruf am 10.06.2012

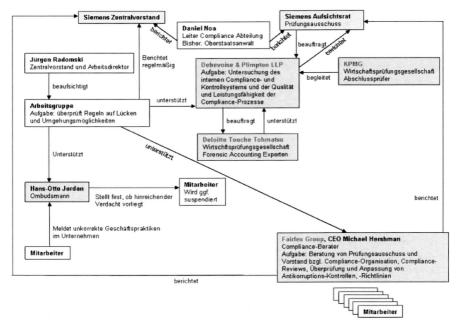

ABBILDUNG 7: MITARBEITER/MANAGER IM KORRUPTIONSFALL[139]

---

[139] Korruptionsskandal Siemens (2008), http://www.nci-net.de/Archiv/Recht/Korruption/Siemens-Korruption-Aufklaerer.png, Abruf am 10.06.2012

4.2. URSACHEN

Die Ursachen für den Korruptionsskandal kann man nur vermuten, aber auch aus dem oberen Abschnitt der Ursachen erkennen, dass es meistens die gleichen Ursachen sind. Es hing teilweise an dem Druck, dem die Führungskräfte von oben bekamen, aber auch an dem Druck, den sie sich selber gemacht haben[140].

Besonders hervorheben muss man in diesem Zusammenhang, dass es im Bereich ICN es Gewinneinbrüche bei Siemens gab. Darauf folgten Einsparungen mit betriebsbedingten Kündigungen. Die Einsparungen für das Geschäftsjahr 2002 betrugen 2 Milliarden Euro nur in dem Bereich ICN, 2003 wurden 1,5 Milliarden Euro eingespart. Es gab neue Steuerungsformen durch den Druck zum Abbau von Personal in der Entwicklung und der Unternehmenszentrale. Es kam zu Ausschöpfungen der Instrumente der Ressourcen sozialverträglicher Frühverrentungen. Außerdem wurden nach den Kündigungen Abfindungsverträge gezahlt. Im April 2001 hat Siemens den Abbau von 35000 Stellen weltweit angekündigt. Im Januar 2003 gab es diesbezüglich laute Proteste. Bei Kündigungen sollten soziale Kriterien missachtet worden sein und der Betriebsrat forderte den Vorstand auf die für die Zerstörung der Unternehmenskultur verantwortlichen Personen zu entlassen. Der Betriebsrat hat sich jedoch zu der Zeit nicht mehr wirklich für das Personal engagiert, da wie wir jetzt wissen die AUB mit Schmiergeldern versorgt wurde, so dass die Entscheidungen des Betriebsrates zu Gunsten des Vorstandsvorsitzenden ausgefallen sind[141].

Vier Instrumente wurden zum Personalabbau eingesetzt: natürliche Fluktuation, Frühverrentung und Auflösungsverträge mit Abfindungen. Zusätzlich wurden Fabriken verkauft zum Abbau von Fertigungskapazitäten[142].

---

[140] Weidenfeld (2011), Nützliche Aufwendungen? Der Fall Siemens und die Lehren für das Unternehmen, die Industrie und Gesellschaft, München, Piper Verlag GmbH

[141] Korruptionsskandal Siemens (2008), http://www.nci-net.de/Archiv/Recht/Korruption/Siemens-Korruption-Aufklaerer.png, Abruf am 10.06.2012

[142] L. Hoeth (2008), Siemens – wohin? Dokumentation und Gedanken zum Korruptionsskandal, Lutz Hoeth, Norderstedt

Es gab nicht nur Interne Ursachen, sondern auch weltweite Veränderungen. In den Jahren hat sich der Managerstil geändert, von dem kompromissbereiten Managertypen gab es einen Umschwung zum Profitmanager. Renditen und Kapital sind wichtiger geworden als alles andere. Das war ein sehr großer Kulturbruch für die Siemens AG, die immer ein traditionsbewusstes Unternehmen war. Das Management setzte auf erhöhten Leistungsdruck, Reduzierung der Kernaufgaben und der Kernbelegschaft. Die Kernbelegschaft ist bei Siemens ein wichtiger Aspekt, da immer mehrere Familiengenerationen bei Siemens gearbeitet haben. Rationalisierungen im Unternehmen wurden zum Alltag. Der Vorstandsvorsitzende war ein Gegner des Shareholder values. Der Konzern hat nun in 80 % seiner Bereiche nach dem Titel „Weltklasse" gestrebt, somit wollte er die erste oder zweite Position auf dem Weltmarkt einnehmen, hatte jedoch dafür sehr viel riskieren wollen. Das Vertrauen der Aktionäre konnte nur durch das Senken des Working Capitals beibehalten werden. Es gab eine ganz neue Entwicklung einer neuen Denkweise, die zum Geschäftserfolg führen sollte. Der Return of Investment war auch eine wichtige Kennzahl, so dass sich einfach alle Aktionäre darauf beriefen. Man sollte wissen woher das Geld kommt. Es ging oftmals um den Wettbewerb, einfach besser zu sein als die anderen und das Geld besser einzusetzen als die anderen Unternehmen es tun. Es entstand ein Druck und ein Konkurrenzkampf. Pierer musste alle 3 Monate rechtfertigen, wieso bestimmte Geschäftsbereiche, und vor allem der Bereich ICN, schlechtere (nicht rote) Zahlen schreiben würden. Hinzu kam, dass 2001 der Gewinn auf 2,6 Milliarden sank, und das gegenüber dem Rekordvorjahr mit 8,9 Milliarden Euro. Damit wurde begründet, dass man Personal entlassen müsste. Die Mitarbeiter haben es jedoch nicht verstanden, da der Bereich dem Unternehmen immer noch Gewinn brachte. 11000 Stellen von 54300 im Bereich ICN sollten weg fallen[143].

Es begann eine neue Ära. Es folgten Umbrüche im Unternehmen und der wirtschaftlichen Lage. Die Siemens AG musste hart durchgreifen: Wenn Geschäftsbereiche, Werke, Profitcenter oder auch Segmente den Geschäftswertbeitrag nicht

---

[143] L. Hoeth (2008), Siemens – wohin? Dokumentation und Gedanken zum Korruptionsskandal, Lutz Hoeth, Norderstedt

erwirtschaften konnten, so wurden sie von Personalreduzierungen, Ausgründungen, Verkäufen und von Schließungen betroffen[144].

Siemens wollte sich immer abheben als guter Arbeitgeber, der auch eine Verantwortung für die Gesellschaft hat. Jedoch der Trend ging immer mehr in die Gegenseite. Die Bereiche ICM und ICN wurden am 1.10.2004 zusammengeführt zu dem Bereich Communication (Com), das war damals noch der größte Bereich. Die wichtigsten Konkurrenten General Electric und Asea Brown Bovery hatten Mitte der 90er Jahre einen fünf- bzw. zehn-Jährigen Vorlauf massiver Umstrukturierungen in allen Wettbewerbsdimensionen von Kosten, Zeit, Qualität und Innovation gewonnen[145].

Damals hatte Siemens schon eine Compliance-Abteilung mit Mitarbeitern auf der ganzen Welt. Jedoch kann man bei so einem großen Unternehmen wie Siemens nicht die kriminellen Energien eines jeden kontrollieren, das ist klar, vor allem wenn die Compliance Abteilung mit ca. 50 Mitarbeitern besetzt ist[146].

---

[144] L. Hoeth (2008), Siemens – wohin? Dokumentation und Gedanken zum Korruptionsskandal, Lutz Hoeth, Norderstedt

[145] L. Hoeth (2008), Siemens – wohin? Dokumentation und Gedanken zum Korruptionsskandal, Lutz Hoeth, Norderstedt

[146] Weidenfeld (2011), Nützliche Aufwendungen? Der Fall Siemens und die Lehren für das Unternehmen, die Industrie und Gesellschaft, München, Piper Verlag GmbH

4.3. Folgen

Eine der großen Folgen für die Siemens AG ist die Überwachung des Konzerns, der von der US-Regierung angefordert wurde. Die Überwachung erfolgt durch den sogenannten Compliance Monitor, der jedes halbe Jahr Berichte über die aktuelle Situation an die amerikanische Regierung abgibt[147].

Es folgten Milliardenstrafen und Kosten für die Siemens AG[148]:

- hunderte Siemens-Anwälte durchkämmten die Geschäfte des Konzerns. Die Kosten pro Tag betrugen eine Million Dollar, da sie aus New York kamen.
- Ende des Jahres 2006 wurde durch die Korruptionsaffäre ein Verlust von 100 Millionen Euro eingefahren (ohne Strafzahlungen), sie rechneten mit Aufwendungen von 168 Millionen Euro für Ertragssteuern über einen Zeitraum von 7 Jahren.
- Es gab Strafzahlungen an die FCPA.
- Es wurden Strafzahlungen und Steuernachzahlungen an die Länder gezahlt.

Man kann zusammenfassen, dass bis zum Jahr 2008 etwa 2,5 Milliarden Kosten auf die Siemens AG zugekommen sind, dies aufgrund von Beratungen, Bussgelder und Strafen[149].

Jedoch die größte Gefahr für Siemens waren nicht die Kosten, sondern die US-Börsenaufsicht SEC, dh. die Securities and Excange Comission, hätte das Unternehmen auf die schwarze Liste setzen lassen, somit wären diese von allen Aufträgen ausgeschlossen. Dabei ist wichtig zu wissen: Siemens macht den größten Umsatz in den USA, es stünden sogar Arbeitsplätze in Deutschland, aber auch

---

[147] Weidenfeld (2011), Nützliche Aufwendungen? Der Fall Siemens und die Lehren für das Unternehmen, die Industrie und Gesellschaft, München, Piper Verlag GmbH

[148] Weidenfeld (2011), Nützliche Aufwendungen? Der Fall Siemens und die Lehren für das Unternehmen, die Industrie und Gesellschaft, München, Piper Verlag GmbH

[149] L. Hoeth (2008), Siemens – wohin? Dokumentation und Gedanken zum Korruptionsskandal, Lutz Hoeth, Norderstedt

weltweit auf dem Spiel. Selbst im Jahr 20112 steigt der Umsatz jährlich weiterhin, momentan sogar schneller als in China. Auf lange Sicht hinaus, wäre dieses kein Vorteil gewesen für die Aktiengesellschaft.

Siemens war außerdem Mitglied bei Transparency, was der AG sehr viel Respekt und Anerkennung international verschaffte. Heute sind sie kein Mitglied mehr, da sie ausgeschlossen wurden aufgrund der Geschehnisse[150].

Schelsky und Feldmayer wurden zur Verantwortung gezogen und Feldmayer bekam eine 3,5-jährige Haftstrafe, hingegen Schelsky eine Haftstrafe von sechs Jahren. Viele andere Manager bekamen ebenfalls eine Menge Bewährungsstrafen.

Bis zum Ende kann man nicht wissen, ob alles aufgedeckt wurde. Viele von den Managern hatten loyale Mitarbeiter, so dass man annehmen kann, dass viele einfach ohne eine Strafe durchgekommen sind.

Durch die Siemens AG hat sich das Bild der Weltanschauung bezogen auf die Korruption verändert, es wird jetzt mehr auf Korruption geachtet, die Vorschriften des FCPA wurden stärker gemacht, bzw. extremer für die Angeklagten[151].

Die Betroffenen Manager zeigten keine Reue. Siemens hat die Anwaltskosten für alle übernommen und die Gehälter wurden weiterhin, auch im Gefängnis. Anscheinend ist Korruption in Unternehmen eine alltäglich Sache[152]. Solange die betroffenen keine persönliche Haftung haben, wird sich nichts ändern. Unternehmen haben im Endeffekt Schuld, jedoch schicken sie Personen vor, aber bezahlen sie weiter, damit sie das Unternehmen haftbar machen. Ist das nicht auch eine Form von Bestechung?

Auch wenn es sich um negative Folgen handelt, so hatte das ganze Geschehen einen positiven Aspekt. Nicht nur für Siemens, sondern vor allem für die gesamte deutsche Wirtschaft. Eine rießen große Compliance-Abteilung wurde im Unter-

---

[150] L. Hoeth (2008), Siemens – wohin? Dokumentation und Gedanken zum Korruptionsskandal, Lutz Hoeth, Norderstedt

[151] N. S. Wimmer (2010), Haftungsrisiken und Compliance Maßnahmen nach dem „Foreign Corrupt Practices Act" der USA, Herbert Utz Verlag, München

[152] Wirtschaftskriminalität, http://www.manager-magazin.de/lifestyle/buecher/a-300492.html, Abruf am 17.06.2012

nehmen aufgebaut, die weltweit agiert. Viele Unternehmen sehen Siemens als ein Vorbild heutzutage, wenn es um den Aufbau der internen wirtschaftsethischen und moralischen Kontrollen geht[153].

---

[153] L. Hoeth (2008), Siemens – wohin? Dokumentation und Gedanken zum Korruptionsskandal, Lutz Hoeth, Norderstedt

5. Heutige Bekämpfung von Korruption der Siemens AG

Peter Löscher, neuer Vorstandschef versuchte das Unternehmen aus dem Korruptionssumpf zu führen. Er führte eine neue Ordnung ein, die man heute auch bei Siemens sehen kann. Es gab seither viele radikale Anti-Korruptionsmaßnahmen. Man kann zwar leider keine Schadenersatzforderungen an die früheren Top-Manager wie zum Beispiel Heinrich von Pierer stellen, da sich viele bedeckt halten. Man kann nicht genau sagen ob einige der Führungskräfte Bescheid wussten. Ende des Jahres 2007 sagte Kleinfeld: „Siemens duldet absolut kein ungesetzliches oder regelwidriges Verhalten von Mitarbeitern. Hier gibt es keinerlei Toleranz." So kommentierte er das Geschehen. Es werden Schulungen angeboten, die absolut nötig sind. Sie geschehen nicht nur auf freiwilliger Basis. Due Dilligence wird durchgeführt[154].

Als ein positiver Effekt wird weltweit die größte Compliance-Abteilung bei der Siemens AG gesehen, die nach dem amerikanischem Vorbild aufgebaut wurde. Im Oktober 2007 wurde sie nicht nur neu aufgebaut, vor allem aber auch ausgebaut. Zu der Abteilung zählen heute über 700 Mitarbeiter weltweit. Corporate Social Responsibilty und Compliance werden als fester Bestandteil der Unternehmenskultur betrachtet. Es werden saubere Geschäfte hervorgehoben bzw. vor allem die Relevanz dessen. Es werden keine Kompromisse mehr gemacht. Es entstand eine neue Geschäftskultur – Compliance ist darin ein fester Bestandteil[155].

Ca. 20 bis 40 % des Aktienkurses werden von Compliance beeinflusst, was man von Siemens als ein Beweismittel sehen kann für eine Verbesserung der Verhältnisse im Unternehmen[156].

In Deutschland war vor dem Skandal, Untreue im Unternehmen illegal. Man hat Korruption vor dem Skandal nur als Untreue bezeichnet, wenn man dieses im

---

[154] L. Hoeth (2008), Siemens – wohin? Dokumentation und Gedanken zum Korruptionsskandal, Lutz Hoeth, Norderstedt

[155] Korruptionsskandal Siemens (2008), http://www.nci-net.de/Archiv/Recht/Korruption/Siemens-Korruption-Aufklaerer.png, Abruf am 10.06.2012

[156] Korruptionsskandal Siemens (2008), http://www.nci-net.de/Archiv/Recht/Korruption/Siemens-Korruption-Aufklaerer.png, Abruf am 10.06.2012

Nachteil für das Unternehmen durchgeführt hatte. Die Gesetze haben sich in Deutschland dadurch verändert, Korruption wird nun allgemein als ein Nachteil für das Unternehmen gehandhabt, auch wenn man einen Gewinn damit gemacht hat[157].

Heute sagt Siemens, dass es wieder zu dem wurde, was es einmal durch Werner von Siemens wurde – ein Unternehmen in dem Korruption nicht mehr geduldet wird.

Jedoch habe ich nie etwas gelesen oder gehört, dass sich das Unternehmen entschuldigt hatte. Die Schuld wurde immer von einer Person zur nächsten abgeworfen. Ist dieses Schema, was sie heute wieder versuchen zu vertreten wirklich wahr? Oder ist es genauso wie bei und vor der Korruptionsaffäre 2006 einfach nur eine Fassade, die wichtig für deren Ruf ist[158]?

Seit 2008 ist Siemens kontinuierlich mit Bestnoten im „Dow Jones Sustainability Index" in den Kategorien Risikomanagement, Complaince und bei der Wahrung der Eigentümerinteressen. Sie waren auch mehrfach auf Platz 1 in dem Sektor „Diversified Industrials"[159]?

Theo Waigel ist der Compliance Monitor bei Siemens – d.h. er wird von der U.S.-amerikanischen Regierung geschickt und verwaltet die Korruption im Unternehmen, so dass sie auch aufgedeckt wird, als Zitat sagte er einmal „Wir klären die Verantwortung. Wir machen nicht unterwegs halt. Wir handeln auf der Basis von Fakten. Und wohin die Fakten führen, dahin führen sie uns. Dem sind wir gefolgt und dem folgen wir weiter. Denn Klarheit und Wahrheit sind notwendig für Aufklärung und Transparenz. Und sie stehen nicht im Widerspruch zu einem anderen Ziel, dem der Vorstand sich verpflichtet fühlt und zu dem ich mich persönlich auch ganz ausdrücklich bekenne: Wir wollen das Unternehmen befrieden, befrieden mit seiner jüngeren Vergangenheit und mit den Persönlichkeiten, die über die dunklen Seiten hinaus auch für große Erfolge und wichtige Einstellungen stehen. Befrieden heißt nicht, irgendetwas unter den Teppich kehren. Sondern befrieden heißt, die

---

[157] Korruptionsskandal Siemens (2008), http://www.nci-net.de/Archiv/Recht/Korruption/Siemens-Korruption-Aufklaerer.png, Abruf am 10.06.2012

[158] Weidenfeld (2011), Nützliche Aufwendungen? Der Fall Siemens und die Lehren für das Unternehmen, die Industrie und Gesellschaft, München, Piper Verlag GmbH

[159] Weidenfeld (2011), Nützliche Aufwendungen? Der Fall Siemens und die Lehren für das Unternehmen, die Industrie und Gesellschaft, München, Piper Verlag GmbH

Vergangenheit mit allen ihren Seiten zu akzeptieren, sich in die Augen sehen zu können, sich zu respektieren, aber eben auch Lebensleistungen in ihrer Gesamtheit zu würdigen."[160]

Es sind nicht alle Wunden geheilt, aber die Affäre wurde überwunden. Siemens hat zur Normalität zurück gefunden. Die Struktur und Organisation im Unternehmen wurde einfacher gemacht, so dass Siemens schneller, flexibler und leistungsfähiger sein kann[161].

Siemens hat ebenfalls ein Compliance Helpdesk eingerichtet, indem man nicht nur Korruptionsvorfälle melden kann (auch anonym und weltweit), sondern wo man sich melden kann, wenn man einen Rat braucht bezogen auf Compliance-Themen. Heute ist Siemens ein Trendsetter wenn es um Compliance geht. Es wurde jedem Mitarbeiter vermittelt, dass nur saubere Geschäfte Siemens Geschäfte sind[162].

---

[160] Weidenfeld (2011), Nützliche Aufwendungen? Der Fall Siemens und die Lehren für das Unternehmen, die Industrie und Gesellschaft, München, Piper Verlag GmbH

[161] Weidenfeld (2011), Nützliche Aufwendungen? Der Fall Siemens und die Lehren für das Unternehmen, die Industrie und Gesellschaft, München, Piper Verlag GmbH

[162] Weidenfeld (2011), Nützliche Aufwendungen? Der Fall Siemens und die Lehren für das Unternehmen, die Industrie und Gesellschaft, München, Piper Verlag GmbH

6. FRAGEBOGENAUSWERTUNG

Aktuell geht der Trend in Richtung (vor allem nach der Wirtschaftskrise) Wirtschaftsethik, Compliance und Integrität – somit deutlich auch für die Bekämpfung von Korruption. Jedoch ist dieses bei den Mitarbeitern bzw. bei den zukünftigen Arbeitnehmern auch so?

Diesbezüglich habe ich einen Fragebogen erstellt und 115 Personen befragt. Davon waren 59 % berufstätig. Als positives Ergebnis sehe ich an, dass 87 % der Befragten, also eine klare Mehrheit, Wirtschaftsethik als nötig ansehen.

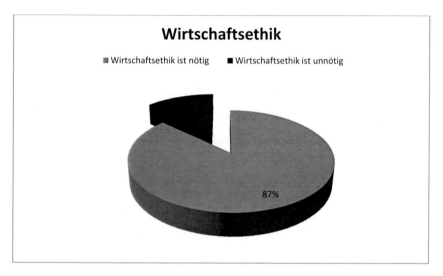

ABBILDUNG 8: WIRTSCHAFTSETHIK, EIGENE ERSTELLUNG

Jedoch 27 % der Befragten der Meinung sind, dass Wirtschaftsethik wirtschaftsfeindlich ist. Etwa 85 % haben die Ansicht, dass im beruflichen Alltag nicht nur gesetzliche Vorschriften einzuhalten sind.

Was meine Annahme ebenfalls unterstützt, ist das von 106 Personen 95 Befragte geantwortet haben, dass Ziele von Unternehmen nur Gewinn, Umsatz und Geld ist, jedoch nur 27 der befragten Personen schlossen die Ethik dort mit ein.

Als Auswirkungen von Korruption wurden unter anderen folgende Punkte vorrangig genannt: Wettbewerbsverzerrung, fehlende Chancengleichheit, illegaler Verdienst,

Misstrauen der Menschen, Qualitätsverlust des Produktes, Unzufriedenheit der Menschen, politische und gesellschaftliche Konflikte bzw. Unruhen, Vertrauensverlust, Verlust von Seriosität, Imageverlust des Unternehmens, Entwicklungshemmungen im Unternehmen und in der Volkswirtschaft, Zunahme der Wirtschaftskriminalität, weniger Steuereinnahmen, Bildung von Monopolen und damit Preissteigerung der angebotenen Produkte oder Dienstleistungen, soziale und gesellschaftliche Ungerechtigkeit, Strafen. Viele sahen auch als einen Kritikpunkt die schwindelnde Mittelschicht, da die armen Menschen immer ärmer werden und die reichen Menschen immer reicher, große Firmen haben durch die Korruption einen enormen wirtschaftlichen Vorteil, wenn sie nicht von der Regierung gefasst werden.

7. Fazit

Von Pierer sagte damals: „Moral predigen ist leicht (…), ein Unternehmen sollte ganz einfach deshalb moralisch handeln, weil sich unmoralisches Handeln nicht lohnt! Oder (…), wer die Moral vernachlässigt, das schadet in der Konsequenz auch der Profitabilität (…) wenn nicht schnell verdientes Geld, sondern dauerhafter wirtschaftlicher Erfolg und die dauerhafte Existenz des Unternehmens angestrebt werden. Denn Täuschung, Betrug und Korruption lassen sich auf Dauer nicht verbergen. Und wenn solche unrechtmäßigen Verhaltensweisen aufkommen, dann schadet das – unabhängig vom Strafmaß – der Reputation. (…) bereits dieser Zusammenhang zeigt, dass Moral und Profit nicht im Widerspruch zueinander stehen."[163]

Er hätte sich einfach damals daran halten sollen, was er selber gepredigt hat.

Von Pierer sollte eine Vorbildfunktion darstellen, jedoch durch die Geschehnisse sieht man, dass man nur ein Top-Manager sein kann, wenn man auch Glaubwürdigkeit, Integrität und allgemein Wirtschaftsethik lebt.

Ethische Grundsätze sollten Chefsache sein (nicht nur). Es wird bei einem Unternehmen mit über 400000 Mitarbeitern erwartet, dass alle straffrei sind. Jedoch sollte man von solch einem Unternehmen erwarten, dass es bestimmte Kontrollmechanismen gibt, die das menschliche Fehlverhalten aufdecken. Nicht nur die Profitabilität ist für ein Unternehmen wichtig, sondern vor allem auch die Verantwortung gegenüber der Gesellschaft und gegenüber sich selber.

Leider wird Korruption heute immer noch so gesehen, dass sie zum Tagesgeschäft gehört. Man sagt, dass es vielerorts gar nicht anders geht. Anstand und Moral seinen in der Wirtschaft nur eine Fassade. Jedoch verstößt das mit dem ehrbaren Kaufmann, der so gesehen wird, dass er keineswegs der Dumme ist, sondern dass er verantwortungsbewusst, klug und weitsichtig handelt. Ehrlichkeit, Solidität, Berechenbarkeit, und Nachhaltigkeit sind Werte, die sich auf Dauer lohnen. Und nicht zu vergessen ist der Punkt, dass es erfüllend sein kann für sich Werte zu schaffen und mit sich im Einklang zu sein.

---

[163] L. Hoeth (2008), Siemens – wohin? Dokumentation und Gedanken zum Korruptionsskandal, 1. Auflage, Diplomarbeit, Norderstedt, Books on Demand GmbH

Korruption scheint das Kaufen bzw. die Sicherung von Marktanteilen zu sein, jedoch ist dieses unethisch und unmoralisch.

„Für den augenblicklichen Gewinn verkaufe ich die Zukunft nicht." Sagte Werner von Siemens schon im 19. Jahrhundert, ursprünglicher Gründer von Siemens[164]. Er stellte eine Unternehmenskultur auf, die für Siemens prägend war, und dieses war nicht nur eine Fassade, sondern er lebte dieses Zitat und angagierte sich auch außerhalb des Unternehmens in viele wichtige Projekte.

Als wichtiger Punkt sind bezogen auf das heutige Management die Führungsstile, welche ebenfalls in die Wirtschaftsethik mit einfließen sollten. Vor allem Führungskräfte sind dazu verpflichtet einen Überblick über das Geschehen in deren Abteilung bzw. in deren Unternehmen zu haben. Sie sollten auf Ihre Mitarbeiter eingehen können, integrer sein, ihr Wort halten bei Versprechungen. Gute Führungskräfte zu finden ist eine schwere Herausforderung, da es menschlich ist nicht perfekt zu sein. Eine Führungskraft muss nicht nur fachliche Kompetenzen mit sich bringen, sondern auch soziale. Sie muss sich in eine Situation gut hineinversetzen können. Fachliche Kompetenz ist ebenfalls sehr wichtig, da man dadurch Respekt von den Mitarbeitern erlangt. Man muss ehrlich aber auch mitfühlend und verständnisvoll sein, jedoch natürlich auch zu gewissen Sachen „nein" sagen können.

Die meisten Fälle von Gesetzesverletzungen (Korruption, Geldwäsche etc.), und Verstöße gegen moralische und ethische Werte und Grundsätze werden in der Regel nicht langfristig und ohne eine kriminelle Absicht geplant. In diesem Zusammenhang ist es wichtig sich zu fragen, wie intelligente, gut ausgebildete, mit Verantwortungsgefühl ausgestattete Personen im Rahmen ihrer persönlichen und beruflichen Verantwortung plötzlich in Situationen geraten, die schwere negative Folgen für ihr Unternehmen, ihr Land, ihr Umfeld und für sich selbst nach sich ziehen[165]?

Dabei ist vor allem interessant folgende Faktoren zu erörtern: das Motiv, die Überlegungen, das Verantwortungsgefühl, moralische und ethische Werte, das Gewissen, die Intelligenz, das Nachdenken. Integrität wird Tag täglich gebrochen, durch Lügen,

---

[164] U. Weidenfeld (2011), Nützliche Aufwendungen? Der Fall Siemens und die Lehren für das Unternehmen, die Industrie und Gesellschaft, München, Piper Verlag GmbH

[165] J. Grassler/ C. Schmutz, Erfolgsfaktor Integrität – Wie Wirtschaft und Gesellschaft erneuert werden können (2010), 1. Auflage, Brendow Verlag + Medien

Schummeln (Putin, 2012), Missbrauch der Machtpositionen (Wulff, 2012), Buchfälschungen (Zu Guttenberg, 2010), Steuerhinterziehung (ehemaliger Postchef Zumwinkel, 2008), Preisabsprachen (Tankstellen, 2012), Bestechung bzw. Schmiergelder (Johnson & Johnson 2011), Korruption (Daimler AG, 2010), unmenschlicher Umgang mit Mitarbeitern (Kinderarbeit von Adidas im Ausland, 2005). Aktuelle kann man außerdem den Skandal in der Formal 1 nennen. Bernie Ecclestone droht eine Anklage wegen Bestechung. Daimler reagierte darauf hin: wenn das Mitglied des Mercedes-Benz Teams verurteilt wird, steigt das Unternehmen aus der Formel 1 aus.

Und durch mehrere korrupte Handlungen vieler Führungskräfte im Unternehmen, wurde dieses Erbgut teilweise zerstört. Nicht nur dieses, sondern die Glaubwürdigkeit und die Integrität des Unternehmens und der Führungskräfte wurden zerstört. Durch den langwidrigen Prozess wurden immer wieder neue Tatsachen ans Licht gebracht. Die Führungskräfte haben nicht zu hundert Prozent kooperiert. Erst im Nachhinein und nicht währenddessen hat das Unternehmen Konsequenzen und Erfahrungen ziehen können, so dass sie sich verbessern können. Dieses haben sie zumindest getan, jedoch ob das nur eine Fassade ist? Das wird die Öffentlichkeit wohl nie erfahren.

Der Imageschaden ist nicht zu verachten. Image kann man nicht kaufen, wenn man als Unternehmen den größten Korruptionsskandal der Weltgeschichte hatte, so wird es wohl einige Jahre noch dauern, bis das Unternehmen dieses Image verliert. Es sollte klar sein, dass Korruption ein größerer Schade sei als Nutzen ist, dieses sollte auch vor allem die Siemens AG davon getragen haben, nicht nur bezogen auf die Kosten, sondern wie schon gesagt auf das Image[166].

Eins ist klar: es gab auch eine positive Folge aus der negativen Korruption und das für die ganze Welt. Korruption ist ein Verbrechen und die Regeln und Bestimmungen dafür sind verschärft worden.

Zusammengefasst: Wirtschaftskriminalität, egal in welcher Form, mit welchen Ursachen und in welchem Land, lohnt sich nicht.

---

[166] L. Hoeth (2008), Siemens – wohin? Dokumentation und Gedanken zum Korruptionsskandal, Lutz Hoeth, Norderstedt

ANHANG

Interview am 15.06.2012 mit einem früheren Mitarbeiter der Siemens AG.

Moderatorin: *Erstmals vielen Dank, dass du Dir Zeit genommen hast, um mit mir das Interview durchzuführen. Die erste Frage vorab für mich. Was hast du bei der Siemens AG genau gemacht?*

Mitarbeiter: Ich habe eine Ausbildung zum Industrietechnologen gemacht mit der Spezialisierung zur Datentechnik.

Moderatorin: *Von wann bis wann warst du da bzw. hast deine Ausbildung dort abolvieren dürfen?*

Mitarbeiter: Mitte 2005 habe ich angefangen bis zum Jahr 2007.

Moderatorin: *In welcher Abteilung und an welchem Standort warst du genau tätig?*

Mitarbeiter: Ich habe erstmal 1,5 Jahre eine Ausbildung an der Technikakademie in Spandau, Berlin absolviert und danach durften wir in unserer Praxiszeit in dem Wissenschaftsstandort arbeiten in Adlershof, Berlin.

Moderatorin: *Wie war die Atmosphäre bei Siemens für Dich?*

Mitarbeiter: Ich habe mich sehr wohl gefühlt. Das Unternehmen die Siemens AG ist sehr an ihren Mitarbeitern interessiert. Wir hatten jede Woche Freitag Nachmittags eine Sitzung zusammen mit unserem Betreuer. Es gab eine sogenannte Feedbackrunde, indem alle sagen durften, was ihnen besonders gefallen hat, was sie jedoch auch besonders schlecht fanden. Es wurde nicht nur zugehört, sondern man ist wirklich darauf eingegangen und hat sich bemüht etwas zu verbessern.

Moderatorin: *Mitte November kam der Siemens Skandal heraus. Kannst du mir genau beschreiben was sich im Unternehmen genau verändert hat? Bzw. was hast du genau mitbekommen?*

Mitarbeiter: Ehrlich gesagt hat man nicht viel mitbekommen. Es war schon ein Thema, da die Mitarbeiter darüber gesprochen haben, jedoch hatte es keine Auswirkungen auf uns. Aufgefallen sind mir einige Merkblätter, die an der Wand hingen. Die Mitarbeiter wurden informiert und belehrt, dass wenn man Fragen gestellt bekommt zu dem Korruptionsfall, dann sollte man diese nicht beantworten und sich an seinen Vorgesetzten werden. Untersuchungen gab es ebefalls im Haus. Damals waren wir auch in der Situation, dass an dem Standort Adlershof, die Telekom mitgearbeitet hat, jedoch haben sie auf einmal nach dem Korruptionsskandal sich zurückgezogen. Ich kann jedoch nicht genau sagen, ob es etwas damit zu tun hatte, dass Siemens auffällig geworden ist.

Moderatorin: *In wie weit hat Dich das beeinflusst während deiner Arbeitszeiten?*

Mitarbeiter: Ich muss ehrlich gesagt sagen, dass man nicht sehr viel mitbekommen hat. Wenn man in so einem Unternehmen ist, und man ist zufrieden, so redet man im Allgemeinen immer schlecht über Außenstehende (Staatsanwaltschaft in diesem Fall, die gegen Siemens kooperiert hat). So haben die Mitarbeiter eher schützend gegenüber der Siemens AG gesprochen und nicht wie skrupelos oder sonst irgendwie der Korruptionsskandal war.

Moderatorin: *Was ist deine Meinung zu dem Thema?*

Mitarbeiter: Meiner Meinung nach, machen das heutzutage alle größeren Unternehmen und Siemens hat sich einfach erwischen lassen.

Moderatorin: *Vielen Dank noch einmal, dass du Dir die Zeit für das Interview genommen hast.*

Verlauf des Korruptionsskandals

24.09.08 Ex-Siemens-Vorstand vor Gericht

29.08.08 Siemens bleibt Millionenstrafe erspart

03.08.08 Unternehmen wappnen sich gegen Korruption

29.07.08 Siemens will Schadenersatz von Ex-Managern

28.07.08 Bewährungsstrafe für Ex-Manager

22.07.08 Siemens will Ex-Vorstände verklagen

28.05.08 Was wussten Siemens-Vorstand und Wirtschaftsprüfer

26.05.08 Siemens: Angeklagter packt aus

16.05.08 Siemens-Affäre holt Kleinfeld ein

09.05.08 Kein Strafverfahren gegen Ex-Siemens-Chef

29.04.08 US-Ermittler: Korruption in fast allen Siemens-Bereichen

28.04.08 Versicherungen sollen für Schaden aufkommen

17.04.08 Siemens plötzlich 13 Milliarden Euro weniger wert

17.04.08 Merkel macht Schluss mit "Mister Siemens"

12.04.08 Neue Unterlagen belasten Ex-Siemens-Chef von Pierer

26.02.08 Siemens bestätigt massiven Stellenabbau

21.01.08 Siemens droht Milliardenstrafe

02.01.08 Kleinanleger düpieren Siemens-Spitze

17.12.07 Dubiose Zahlungen bei Schweizer Siemens-Tochter

08.11.07 Neue Dimension im Schmiergeldskandal

01.11.07 Siemens bietet reuigen Mitarbeitern Amnestie an

04.10.07 Urteil: Millionenstrafe für Siemens

30.09.07 Interne Ermittlungen gegen Ex-Siemens-Chef Pierer?

27.09.07 Siemens-Skandal deutlich größer als bekannt

21.09.07 1,5 Milliarden Euro bei Siemens im Dunkeln

18.09.07 Durchsuchung bei Siemens' Ex-Finanzchef Neubürger

14.09.07 Weiterer Umbau bei Siemens-Konzernspitze

10.09.07 Korruptionsermittler klagt gegen Kündigung

04.09.07 Siemens räumt weiteren Korruptionsverdacht in China ein

13.08.07 Mehr als eine Milliarde Euro dubiose Zahlungen

03.08.07 Neue Vorwürfe gegen Aufsichtsratschef Cromme

30.05.07 AUB-Chef war verdeckter Lobbyist für Siemens

25.05.07 Siemens fürchtet Milliardenstrafe aus den USA

25.04.07 Klaus Kleinfeld wirft hin

02.04.07 IG Metall stellt Strafantrag

31.03.07 Ermittlungen gegen weiteren Bereichsvorstand

28.03.07 Siemens-Affäre erreicht Zentralvorstand

27.03.07 Zentralvorstand Feldmayer verhaftet

07.03.07 US-Aktionär verklagt Siemens

14.02.07 Neue Razzia bei Siemens

05.02.07 Neuer Korruptionsprozess gegen Siemens

02.02.07 US-Fahnder untersuchen Siemens

27.01.07 KPMG listet Dubiose Zahlungen auf

25.01.07 Aktionäre werfen Siemens-Führung Versagen vor

23.01.07 Siemens-Finanzvorstand beschuldigt

12.01.07 Zweiter Ex-Vorstand im Visier der Fahnder

27.12.06 Belegschaftsaktionäre gehen gegen Kleinfeld vor

24.12.06 Kleinfeld wusste von verdächtigem Konto

22.12.06 Ex-Vorstand Ganswindt auf freiem Fuß

21.12.06 Schmiergeldverdacht auch in Kleinfelds Amtszeit

16.12.06 Politiker fordern Rücktritt von Pierers

16.12.06 Von Pierer, der Häftling und die Gehaltserhöhungen

14.12.06 Siemens-Spitzenmanager unter Verdacht

13.12.06 Aktionärsschützer fordern von Pierers Rücktritt

12.12.06 Ex-Zentralvorstand Ganswindt verhaftet

12.12.06 Siemens immer tiefer im Korruptionssumpf

09.12.06 Zeitung berichtet über sechs Geständnisse

07.12.06 Anti-Korruptions-Verein droht mit Ausschluss

05.12.06 Siemens-Manager packt aus

30.11.06 Korruptionsbekämpfer: "Ein Drama im Drama"

27.11.06 Konzernspitze zunehmend unter Druck

25.11.06 Inhaftierter Mitarbeiter belastet Siemens-Spitze

24.11.06 Mitarbeiter gesteht Schmiergeldzahlungen

22.11.06 Millionen flossen auch nach Nigeria und Syrien

20.11.06 Kleinfeld Zeuge in Korruptionsaffäre

20.11.06 Büro von Klaus Kleinfeld durchsucht

18.11.06 Siemens wusste seit einem Jahr Bescheid

17.11.06 Millionenbeträge in der Schweiz eingefroren

16.11.06 Erste Festnahmen bei Siemens

15.11.06 Fahnder durchsuchen Siemens-Büros

Ehemalige Politiker Lobbyismus

Anhang: Kabinett Schröder II - 22. Oktober 2002 bis 18. Oktober 2005 vom 18. Oktober bis 22. November 2005 mit der Wahrnehmung der Geschäfte beauftragt

Grobe Zuordnung (siehe Erläuterung S. 3 unten):

1 = Lobbytätigkeiten oder Tätigkeiten mit starkem Lobbybezug
2 = Tätigkeiten, die Lobbyaspekte beinhalten
3 = weiterhin in der Regierung
4 = Tätigkeit in politischer oder öffentlicher Institution / Verwaltung
5 = Sonstige (v.a. pensioniert)

Amt	Name	Partei	Heute	Zuordng.
Bundeskanzleramt	Gerhard Schröder	SPD	Seit Dezember 2005: Aufsichtsratsvorsitzender Nord Stream AG, einem joint venture Unternehmen, das zu 51% Gazprom und zu je 24,5% BASF und E.on gehört; seit Januar 2006: Berater der Verlagsgruppe Ringier AG; Mitglied im Europäischen Beirat der Rothschild-Investmentbank - Beratung in internationalen Fragen; weitere Beratertätigkeiten, u.a. für RAG; Mitglied der Rechtsanwalts-Bürogemeinschaft „Fromberg und Collegen"	1
Staatsminister	Rolf Schwanitz	SPD	Parlamentarischer Staatssekretär im Bundesgesundheitsministerium; MdB	3
Kulturstaatsministerin	Dr. Christina Weiss	parteilos	seit Juli 2006: Honorarprofessorin der Saar-Uni; seit März 2006: Mitglied im Stiftungsrat der Schering-Stiftung; diverse ehrenamtliche Engagements im Kunst- und Kulturbereich	5
Auswärtiges Amt	Joseph "Joschka" Fischer	Grüne	Wintersemester 2006: Gastprofessor an der Princeton University und senior fellow beim Liechtenstein Institute der Woodrow Wilson School; Oktober 2007: Gründungsmitglied und Vorstand beim European Council on Foreign Relations (ECFR), einem Think Tank zur Ausarbeitung und Förderung einer Gemeinsamen europäischen Außen- und Sicherheitspolitik (GASP); 2007 Gründung der Beraterfirma „Joschka Fischer Consulting"	1
Staatsminister	Hans Martin Bury	SPD	Seit 2005: Managing Director im Lehman Brothers Investment Bankhaus AG: Betreuung in Fragen der Privatisierung öffentlicher Sektoren/Infrastruktur	1

Staatsministerin	Kerstin Müller	Grüne	MdB; diverse Mitgliedschaften in Beiräten, Kuratorien und Präsidien (Deutsche Welle, Stiftung Wissenschaft & Politik, Max-Planck-Institut, UNICEF, DGAP)	4
Beamteter Staatssekretär	Jürgen Chrobog		Juni 2005: Pensioniert; seit Juli 2005: Vorstandsvorsitzender der „BMW-Stiftung Herbert Quandt", die u.a. internationale Konferenzen zur Vernetzung von Wirtschaft, Politik, Wissenschaft und Medien organisiert wie den Munich Economic Summit	1
Beamteter Staatssekretär	Klaus Scharioth		Botschafter in London	4
Bundesministerium des Innern	Otto Schily	SPD	MdB; Aufsichtsratsmitglied der Byometric systems AG (am 15.5.07 Amt niedergelegt); seit August 2006: Aufsichtsratmitglied und Beteiligung bei SAFE ID solutions AG; März bis September 2007: rechtliche Beratung Siemens AG; seit Juni 2007: Beteiligung bei German Consult GmbH (Geschäftsführer: Peter Zühlsdorf), die eine wirtschaftliche und finanzielle Beratung von Unternehmen und Einzelpersonen anbietet; seit März 2006: Otto Schily Rechtsanwaltgesellschaft mbH	1
Parl. Staatssekretär	Fritz Rudolf Körper	SPD	MdB, stellvertretender Vorsitzender der SPD-Bundestagsfraktion; Mitglied des Rundfunkrates der Deutschen Welle	4
Parl. Staatssekretärin	Ute Vogt	SPD	Landtagsabgeordnete Baden Württemberg	4
Beamteter Staatssekretär	Göttrik Wewer		Bis Januar 2006 im Amt; Staatsrat in Bremen, Senator für Bildung und Wissenschaft	4
Beamteter Staatssekretär	Lutz Diwell		Staatssekretär im Bundesministerium der Justiz	3
Bundesministerium der Justiz	Brigitte Zypries	SPD	Weiterhin Justizministerin	3
Parl. Staatssekretär	Alfred Hartenbach	SPD	Weiterhin Parlamentarischer Staatsekretär im Bundesministerium der Justiz	3
Beamteter Staatssekretär	Hansjörg Geiger	keine	2005 in einstweiligen Ruhestand versetzt; seit 2003 Honorarprofessur Frankfurt a.M.	5

Bundesministerium der Finanzen	Hans Eichel	SPD	MdB, Vorsitzender des Parlamentarischen Gesprächskreis Transrapid; Mitglied des Aufsichtsrats der MP Marketing Partner AG; Mitglied im Steering Komitee des Managerkreises der Friedrich-Ebert-Stiftung	4
Beamteter Staatssekretär	Caio Koch-Weser		Seit Januar 2006: Vice Chairman Deutsche Bank; Mitglied des Kuratoriums der Bertelsmann-Stiftung; Mitglied des Stiftungsrats des World Economic Forum; Vorstandsmitglied des BRUEGEL ThinkTanks; Mitglied im European Council on Foreign Relations (ECFR)	1
Beamteter Staatssekretär	Volker Halsch (noch 2006 im Amt)	SPD	Seit Februar 2007: Mitglied der Geschäftsleitung der Telekom Tocher Vivento	1
Beamteter Staatssekretär	Gerd Ehlers		Seit Dezember 2005: Geschäftsführer der "Bundesrepublik Deutschland - Finanzagentur GmbH"; Oktober 2004 bis Mai 2006: Mitglied des Aufsichtsrat der Deutsche Post AG	4
Parl. Staatssekretär	Karl Diller	SPD	weiterhin Parlamentarischer Staatssekretär im Bundesministerium der Finanzen; MdB	3
Parl. Staatssekretärin	Dr. Barbara Hendricks	SPD	weiterhin Parlamentarische Staatssekretärin im Bundesministerium der Finanzen; MdB	3
Bundesministerium für Wirtschaft und Technologie	Wolfgang Clement	SPD	Mitglied im Aufsichtsrat der Zeitarbeitsfirma "Deutsche Industrie Service AG" (DIS AG); Vorsitz der Forschungseinrichtung/ThinkTank "Adecco Institut zur Erforschung der Arbeit"; seit Dezember 2005: Aufsichtsratmitglied beim Dienstleistungskonzern Dussmann; seit Januar 2006: Mitglied im Aufsichtsrat Landau Media AG; seit Februar 2006: Aufsichtsratmitglied RWE-Power; Seit März 2006 Vorsitzender im Beirat des Wissens- und Informationsdienstleisters Wolters Kluwer; Seit Mai 2006: Mitglied beim Konvent für Deutschland; seit Juni 2006: Aufsichtsratmitglied DuMont Schauberg Verlag; Beiratsmitglied bei der US-Bank Citigroup.	1
Parl. Staatssekretär	Gerd Andres	SPD	weiterhin Parlamentarischer Staatssekretär im Wirtschaftsministerium; MdB	3
Parl. Staatssekretär	Dr. Ditmar Staffelt		MdB; Ehrenamtliches Mitglied im Verwaltungsrat des Deutschen Entwicklungsdienstes (DED); Mitglied im Beirat der AERO PLACEMENT GmbH	4

Position	Name	Partei	Details	
Parl. Staatssekretär	Rezzo Schlauch	Grüne	Seit Oktober 2005: Mitglied im Beirat von EnBW (Energie Baden-Württemberg); seit Dezember 2005: Rechtsanwalt, Kooperation mit Münchner Anwaltskanzlei Mayer & Kambli; seit September 2006: Aufsichtsratsvorsitzender der Spreadshirt AG; Berater für ein ungenanntes Entsorgungsunternehmen	2
Beamteter Staatssekretär	Rudolf Anzinger		Seit 2005 Staatssekretär im Bundesministerium für Arbeit und Soziales	3
Beamteter Staatssekretär	Georg-Wilhelm Adamowitsch		zunächst weiter Staatssekretär im Ministerium für Wirtschaft; seit September 2007: Koordinator der EU für Energieinfrastrukturprojekte	4
Beamteter Staatssekretär	Bernd Pfaffenbach		weiterhin Staatssekretär im Wirtschaftsministerium, G8-Berater von Merkel	3
Bundesministerium für Verbraucherschutz, Ernährung und Landwirtschaft	Renate Künast	Grüne	MdB; Vorsitzende Bündnis90/DieGrünen	4
Parl. Staatssekretär	Dr. Gerald Thalheim	SPD	Seit Februar 2006: Agrarpolitischer Berater für den Mitteldeutschen Genossenschaftsverband (Betreuung und Interessenvertretung von Genossenschaften)	1
Parl. Staatssekretär	Matthias Berninger	Grüne	Bis Februar 2007 MdB und wirtschaftspolitischer Sprecher der Grünen Fraktion; seit Februar 2007 Leiter der Bereiche Gesundheits- und Ernährungsfragen in der Europazentrale des US-Nahrungsmittelkonzerns "Mars Inc." in Brüssel	1
Beamteter Staatssekretär	Alexander Müller		seit 2006 Stellvertretender Generaldirektor der Food and Alimentation Organisation (FAO) in Rom	4
Bundesministerium der Verteidigung	Dr. Peter Struck	SPD	MdB; Fraktionsvorsitzender der SPD; Stellv. Aufsichtsratsvorsitzender der Allgemeinen Hospitalgesellschaft AG (AHG)	4
Beamteter Staatssekretär	Peter Eickenboom		weiterhin Staatssekretär im Verteidigungsministerium	3
Beamteter Staatssekretär	Peter Wichert		weiterhin Staatssekretär im Verteidigungsministerium	3
Parl. Staatssekretär	Walter Kolbow	SPD	MdB; Fraktionsvize der SPD	4
Parl. Staatssekretär	Hans Georg Wagner	SPD	Pensioniert; Ehrenamtlicher Vorsitzender des „Bund deutscher Baumeister"	5

Bundesministerium für Familie, Senioren, Frauen und Jugend	Renate Schmidt	SPD	MdB; diverse ehrenamtliche Tätigkeiten	4
Parl. Staatssekretärin	Marieluise Beck	Grüne	MdB; Vorstandsmitglied Deutsch-Israelische Gesellschaft e.V.	4
Parl. Staatssekretärin	Christel Riemann-Hanewinckel	SPD	MdB; ehrenamtliches Mitglied in verschiedenen sozialen Einrichtungen	4
Beamteter Staatssekretär	Peter Ruhenstroth-Bauer		Eigene Agentur für Kommunikation und Strategie; Lehrauftrag an Uni Koblenz/Landau mit Schwerpunkt „Regierungskommunikation"	1
Bundesministerium für Gesundheit und Soziale Sicherung	Ulla Schmidt	SPD	weiterhin Gesundheitsministerin; MdB	3
Parl. Staatssekretärin	Marion Caspers-Merk	SPD	weiterhin Parlamentarische Staatssekretärin im Gesundheitsministerium; MdB	3
Parl. Staatssekretär	Franz Thönnes		Parlamentarischer Staatssekretär im BM für Arbeit und Soziales; MdB. Ehrenamtliches Mitglied des deutsch-norwegischen Beirats der E.ON Ruhrgas AG	3
Beamteter Staatssekretär	Klaus Theo Schröder		Weiterhin Staatssekretär im Gesundheitsministerium; MdB	3
Bundesministerium für Verkehr, Bau und Stadtentwicklung	Manfred Stolpe	SPD	Ab 2002 Aufsichtsratmitglied bei der Deutsche Energieagentur GmbH (dena) – nicht mehr tätig; Vorstandsmitglied Petersburger Dialog; Mitglied des Kuratoriums Deutsch-Russisches Forum;	5
Parl. Staatssekretärin	Iris Gleicke	SPD	MdB; Parlamentarische Geschäftsführerin der SPD	4
Parl. Staatssekretär	Achim Großmann	SPD	Weiterhin Parlamentarischer Staatssekretär im Verkehrsministerium; MdB	3
Parl. Staatssekretär	Angelika Mertens	SPD	Seit Mai 2006: Ehrenamtliche Vorsitzende des Arbeiter-Samariter-Bundes	5
Beamteter Staatssekretär	Tilo Braune		Seit 2003 Ehrenamtlicher Präsident des Deutschen Tourismusverbandes; z.Z. keine hauptberufliche Tätigkeit	5

Bundesministerium für Umwelt, Naturschutz und Reaktorsicherheit	Jürgen Trittin	Grüne	MdB; Vizefraktionsvorsitzender der Grünen	4
Parl. Staatssekretärin	Simone Probst	Grüne	Seit Oktober 2007: Mitglied im Aufsichtsrat von Techem (Energiedienstleister); seit Januar 2007 ehrenamtliche Präsidentin des Bundesverbandes Geothermie (GtV-BV); Beratung der Universität Paderborn; Medienberichte über einen angeblichen Beratervertrag bei E.ON waren laut Probst und E.ON eine Zeitungsente.	2
Parl. Staatssekretärin	Margareta Wolf	Grüne	MdB	4
Beamteter Staatssekretär	Rainer Baake	Grüne	Seit September 2006: Bundesgeschäftsführer der Deutschen Umwelthilfe	1
Bundesministerium für Bildung und Forschung	Edelgard Bulmahn	SPD	MdB; Mitglied in den Kuratorien der TU Berlin, der Deutsche Telekom Stiftung und der Volkswagen Stiftung	4
Parl. Staatssekretär	Christoph Matschie *bis 1. Juli 2004*	SPD	Seit 2004 MdL in Thüringen; Fraktionschef der SPD im Thüringer Landtag	4
Parl. Staatssekretär	Ulrich Kasparick; *seit 1. Juli 2004*	SPD	Parlamentarischer Staatssekretär beim Bundesminister für Verkehr, Bau und Stadtentwicklung; MdB	3
Beamteter Staatssekretär	Dr. Wolf-Dieter Dudenhausen		Pensioniert; Aufsichtsratsvorsitzender der Nanolay AG; Vorstandsvorsitzender Ernst Abbe Stiftung (Forschungsförderung in Thüringen)	2
Beamteter Staatssekretär	Wolf-Michael Catenhusen		1998-2002 Parlamentarischer Staatssekretär; ab Juli 2003 bis Dezember 2005 beamteter Staatssekretär, dann in einstweiligen Ruhestand versetzt; Stellv. Vorsitzender der Deutschen Stiftung Friedensforschung	5
Bundesministerium für Wirtschaftliche Zusammenarbeit und Entwicklung	Heidemarie Wieczorek-Zeul	SPD	Weiterhin Ministerin, MdB	3
Parl. Staatssekretärin	Dr. Ursula Eid	Grüne	MdB; diverse ehrenamtliche Ämter	4
Beamteter Staatssekretär	Erich Stather		Weiterhin Staatssekretär im Entwicklungsministerium	3

Umfrage

#	Sind Sie... berufstätig?	Ist Wirtschaftsethik nötig?	Ist Wirtschaftsethik wirtschaftsfeindlich?	Reicht es im Beruf nur die gesetzlichen Vorschriften einzuhalten?	Ziele von Unternehmen sind (max. 3):	Sollte Korruption strafbar sein?	Handelt es sich um freie Marktwirtschaft, wenn Unternehmen für ihre Au...	Würden Sie sich ein bestimmtes Produkt kaufen, obwohl Sie wissen, dass...	Was sind Auswirkungen von Korruption (mind. 3)?
		ja / nein	ja / nein	ja / nein		ja / nein	ja / nein	ja / nein	
		1=1 / 2=2	1=1 / 2=2	1=1 / 2=2		1=1 / 2=2	1=1 / 2=2	1=1 / 2=2	
1	1	1	1	2	2 Gewinnmaximierung	1	1	1	
2	1	1	1	2	2 verkauf, umsatz, GEWINN	1	1	2	1 finanzkräftige unternehmen kein wettbewerb, keine chancengleichheit, benachteilung für weniger finanzkräftige unternehmen
3	2	2	1	1	1	1	1	2	1
4	2	2	2	2	1 Erfolg, Geldverdienst	1	1	1	2 unlegeler Verdienst Unterdrückung, Macht für eine Person bzw. Unternehmen, die ihm nicht zu steht. Benachteiligung anderer Personen bzw.
5	1	1	1	2	2 Umsatzförderung	1	1	2	1 Unternehmen
6	1	1	1	2	2	1	1	2	1

#								
7	0	1	1		2 Profit, Kundenzentierung	1		2 Intransparenz, Misstrauen, Qualitätsverlust
8	1	1	1		2 Gewinnmaximierung, Wachstum, 2 Marktführer	1	1	1 Benachteiligung anderer Unternehmen, Witschaftskriesen, Unrecht in weiterem Sinne
9	2	1	2		Erfolg, Marktentwicklung, 2 Marktforschung	1	2	Unfaire Handlungen, Armut, politische Konflikte, 2 Unzufriedenheit
10	2	1	1		2 auf Gewinn gerichtet	1	2	Vertrauensverlust, höhere 2 Preise, niedrigere Qualität
11	2	1	2		2 Gewinne Erwirtschaften	1	2	1. Strafverfolgung 2. Seriositäts- und damit Vertrauensverlust 2 3. Imageverlust
12	2	1	1		1. Selbsterhaltung 2.Gewinnmaximierung 2 3. Marktführerschaft	1	2	Bevorteilung von umsatzstarken Unternehmen gegenüber kleineren, Chancenungleichheit, Bildung von Oligopolen 1 (bzw. Monopolen)
13	2	1	2		Attraktivität, Kundenzufriedenheit, 1 Gewinnmaximierung	1	2	
14	2	1	2		Gewinnmaximierung, Innovationen generieren, Mitarbeiter langfristig 2 binden	1	2	Manipulation des freien 1 Marktes

15	1	1	2	1.Nachhaltiges Wachstum um auch zukünftig 2.Umsatz und 3.Erfolg zu generieren: gute Produkte, zufriedene Mitarbeiter, positives Image, Investitionen in Forschung und Entwicklung	2	1	2	Ungerechtigkeit, kriminelle Energie, keine Chancengleichheit und Entwicklungshemmungen
16	1	0	0	Gewinnmaximierung	0	1	2	Habgier, Armut, Soziale Unruhen
17	2	1	2	Präsenz	1	1	2	Kartellbildung, Monopolstellung
18	1	1	2	Gewinnsteigerung	2	1	2	ungerechte Verteilung, schwindende Mittelschicht, Zunahme von Wirtschaftskriminalität, fehlende Kundenorientierung
19	2	1	2	profit	2	1	1	unfaire preispolitik, sterben anderer firmen....
20	1	1	2	Gewinnmaximierung, Nachhaltigkeit	2	1	1	Wettbewerbsvorteile, Ungleichgewicht der Ressourcen, Kriminalität
21	1	1	2	Profit, Bekanntheit, Stärke	2	1	2	Neuheitenausschluss, Manifestierung von Kartellen, Geldverschwendung
22	2	1	2	viel geld verdienen	2	2	1	

23	1	1	2	Umsatz und effiziente Organisation	2	1	0	0	illegales Handeln, weniger Steuereinnahmen, geringerer Wachstum	2
24	1	1	2	Erfolg, gutes Team	2	1	2	Entstehung von Monopolen und der damit verbundene Preisanstieg, Verletzung des Menschenrechts, Unterdrückung	1
25	2	1	1	Langfristige Unternehmenssicherung, Umsatzmaximierung, gute Marktpositionierung	2	1	2	Überlebensprobleme von kleineren Firmen, fehlendes Vertrauen, negatives Klima	2
26	2	1	1	Gewinne, Kundenzufriedenheit, Arbeiterzufriedenheit	2	1	1	Steigung Kriminalität, Bandenbildung, Vertuschungen - Schwarzgeschäfte, soziale und gesellschaftliche Ungerechtigkeit	2
27	2	1	2	Nachhaltiges Bestehen, Gewinnmaximierung und Bekanntheitsgrad progressiv ausweiten	2	1	2	das Gesetz zu brechen, un-fair, schmutziger Job	1
28	2	1	1	geld, erfarung, zufriedenheit	2	1	1	Wettbewerbsverzerrung, Stellenabbau, Vetternwirtschaft	1
29	1	1	1	Umsatz, Wirtschaftlichkeit, Image	2	1	2	Soziale Segregation, Monopolstellungen, Machtverschiebung	1
30	1	1	1	Profit, Nachwuchsförderung	2	1	2		1
31	2	1	2		1	1	2		

32	1	1	2	CSR, Nachhaltigkeit in der Reisebranche	1	2	Unterdrückung, Monopolisierung
33	1	1	2	Profit, Nachhaltigkeit, Beitrag zum Gemeinwohl	1	2	Verzerrung des Wettbewerbs; fehlender Ansporn, die Innovation voranzutreiben; Schwächung der Wirtschaft
34	1	1	1	geld schaffen, geld schaffen, geld schaffen	1	1	mindere moeglichkeiten fuer einen kleinen unternehmen sich zu entiwckeln, der konsument ist bestraft wenn ein produzent preise erheben muss da er strafen fuer korruption zahlen muss, der konsument kriegt ein produkt das ohne korruption illegal waere (nicht gesund, schaedlich, nicht getestet)
35	1	1	2	Die Wünsche des Kunden befriedigen, Arbeitsplätze zu sichern, Umweltschonend zu agieren	1	2	Ungerechtigkeit, eine erlahmende Wirtschaft, die Wettbewerbsfaires bei der alle die gleichen Chancen haben sollten geht dahin, Ideale gehen verloren
36	2	1	2		1	2	2

#							
37	2	1	2		2 Ziele setzen	soziale Verantwortung, Investition in Zukunftstechnologie, 1 auf Mitarbeiter	2	Unglaubwürdigkeit, Ruinierung des Rufs, kriminalisierte Übertragung
38	1	1	2		2 Qualitätssteigerung	Umsatzsteigerung, ökologischer Fortschritt, 1	1	Rufschädigung, Kundenverlust, Profit
39	1	1	2		2 Gewinne erzielen	1 der Kriminalität	2	teilweise zu niederige Preise für wertvolle sachen, "erhliche" Unternehmen können nicht mehr wirtschaften da sie mit zu niedrigen preisen keine gewinne erzielen, Anstieg
40	1	1	2		2 Zufriedenheit der Kunden	1 Abneigung	2	schneller und unkomplizierter Gewinn neuer Aufträge :) , Verschlechterung des Rufs des Unternehmens, Missvertrauen in der Öffentlichkeit,
41	2	1	1		2 Gewinn	1 Strecke	2	Schwach bleibt auf der
42	1	1	2		2 Profit	1 & Bevorteilung	2	Benachteiligung, Manipulation

85

43	1	1	1	1 gewin gewin gewin	1	2	Verzerung des Marktes, Mistrauen und noch mehr 0 Korruption
44	1	1	2	Gewinne erzielen, Kosten einsparen, 2 Innovationen	1	2	Folgen für die gesamt unternehmerische Tätigkeit des Landes, hohe volkswirtschaftliche Kosten, Behinerung des Wettbewerbs = weniger Innovationen/ hohe Preise, Schädigung der 1 Demokratie
45	1	1	1	2 Umsatz, Expansion	1	2	Vertrauensbruch, Wettbewerbsverzerrung, Schädigung der betroffenen 2 Branche
46	1	1	2	2	1	2	Agressionen, Misstrauen, 2 wirtschaftliche Schwäche
47	1	2	2	1 glücklich machen umsatz, kunden	2	2	1
48	1	1	2	Profit, Wachstum, 2 Kundenzufriedenheit	1	2	Benachteiligung anderer, Pris Reichtum für leute die es nicht verdient 1 habentreiberei,
49	1	1	2	Geld verdienen, Markenführung, den 2 Aufwand minimieren	1	2	größere Kosten, schlechteste Qualität, Zerstoerung der 1 freien Marktwirtschaft

#							
50	2	2	1	Gewinnmaximierung, Konkurrenz verdrängen	1	1	Betrieblicher Schaden, im großen Stil -> volkswirtschaftlicher Schaden, Ungerechtigkeit
51	2	1	2	Wirtschaftlichkeit, Erfolg, Popularität	1	2	Vertrauensverlust, materieller Schaden, überhöhte Preise
52	2	1	2	Erwerb, Arbeit, Wirtschaftsankurbelung	1	2	soziale Ungleichheit, kleine Firmen werden benachteiligt, Beschränkung des Wirtschaftswachstums
53	2	1	2	Erwirtschaften von Profit; Sicherung der Firmenexistenz; Schaffung eines Kundenstammes	1	2	Vertrauensverlust; Untergrabung demokratischer Prinzipien; Armut und Elend
54	2	1	2	Profitmaximierung, Verantwortung für Belegschaft	1	2	Misswirtschaft, Vetternwirtschaft, Ineffizienz
55	2	1	1	Geldgewinn, Kundengewinn, Entwicklung	1	2	
56	2	2	2	profit, wertschöpfung, beständigkeit	1	2	benachteiligung anderer, Verlust freier Marktwirtschaft, Arbeitsplatz Vernichtung
57	1	1	2	Gewinn erwirtschaften, gute Arbeitskräfte haben	1	2	Firmen die ehrlich sind gehen pleite,
58	1	2	1	Gewinnmaximierung	1	1	Wettbewerbsvorteile
59	1	1	2	Gewinnmaximierung	2	2	Ungleiche Chancen, Macht des Geldes,

ID								
60	2	1	2		Überleben, Gewinn 1 erziehlen		1	
61	1	2	2		Gewinn, Marktstellung 2 festigen und vergrößern	1	2	1 xxx
62	1	1	2		Gewinn, Compliance, 2 Unabhängigkeit	1	2	1 Behinderung der freien Marktwirtschaft, Leugnung und Wertelos
63	1	1	1		0 Gewinnorienierung	1	2	2 materielle Schäden, Vertrauensverlust der Kunden, Verminderte Leistungen
64	1	1	2		2 Gewinn,Erfolg	1	1	1 Inflation,Störungen der Verzerrung,
65	2	1	2		günstige Produktion, schnelle Entwicklung der Güter, Produktion von 2 guter Qualität		2	2 Entwicklungshindernis, Marktwirtschaft, Arbeitslosigkeit in den Industrieländern
66	1	1	1		Umsatz maximieren / Aktionäre stetig steigende Rendite gewährleisten / Produktionsoptimierung 2 zur Wettbewerbsfähigkeit	1	2	1 Wettbewerbsverzerrung Umgehung der freien Marktwirtschaft / Absatz und Aufträge mit größerer gewinnspanne
67	1	1	1		2 Gewinnmaximierung	1	2	1 schlechte/re Qualität
68	2	2	0	2	gewinn, zufriedene mitarbeiter, qualität in produkten/ 2 dienstleistungen	1	2	
69	1	1	2		2 Einnahmen	1	2	2 Destabilisierung der Wirtschaft

70	2	1	2	2 Umsatz, Marktführung	1	2	Chancenungleichheit, 2 Unfairness
71	2	1	2	2 Gewinn, Beständigkeit	2	2	Vertrauensverlust, Leistungsabnahme, 2 Subjektivität
72	1	0	2	2 Gewinnoptimierung	1	2	Vorteilsnahme, Ungerechtigkeit, 1 Marktbeeinflussung
73	1	1	1	max. Umsatz; zufriedene 2 Mitarbeiter; Wachstum	1	1	Verlust der Integrität und Vertrauenswürdigkeit; Verzerrung des 1 Wettbewerbs;
74	1	1	1	1	1	1	2
75	1	1	2	Profit, Beschäftigung, 2 Innovation	1	2	Ungerechtigkeit, Reputationsverlust, 2 Unsicherheit
76	1	1	2	2 Gerechtigkeit, Profite,	1	1	Verlust des Vertrauens 1 von Unternehmen
77	1	2	2	Gewinnmaximierung, Behauptung am Markt, 2 Sicherheit	1	2	Leistungsabnahme, Vertrauensverlust, Hemmung der Entwicklung, 1 Schäden in der Wirtschaft
78	2	1	1	Einkommen, Vielzahl 2 von Kunden, Prestige	1	2	Verlust des Vertrauen; Strafbarkeit; schlechter Ruf bei Kunden;Möglichkeit des Einflusses auf die 2 Menschen

#				Ziele				Negative Auswirkungen	
79	1	1	2		Gewinnmaximierung, Marktsegmentmaximierung, Langfristiges Bestehen am Markt	2	1	Verzerrung des Wettbewerbs, Dumpinglöhne, Ausbeutung von Ressourcen	1
80	2	1	2		Stabilität, Mitarbeiterzufriedenheit, Produktverbesserung	2	1	Vertrauensverlust, steuerliche Verlust für Volkswirtschaften, Gewissenskonflikte	2
81	1	1	2		Soziale Verantwortung, Erfolg, Stabilität	2	1	wirtschaftliche Schwäche, Unglaubwürdigkeit, Kriminalität	2
82	1	1	1		Umsatzsteigerung, technischer Fortschritt, Kostensenkung	2	1	Konkurenzbeschränkung, Vertrauensverletzung auf dem Markt und in der Gesellschaft, Beschleunigung einiger Prozesse (durch "Vermeidung der Bürokratie")	2
83	2	1	2		Gewinnerwirtschaftung	2	1	Geld wird zu Macht, Gerechtigkeit verliert Wert, Unterdrückung der Armen	1
84	2	1	2		Gewinnmaximierung	2	1	Vertrauensverlust der Bürgerinnen und Bürger, Erschwerung des Zugangs zu Leistungen z.B. medizinischen. die generelle Leistungen von Unternehmen werden qualitativ schlechter	1

#					Gewinn, Produkte/Dienstleistungen zu		Ausbeutung armer Länder, ungerechte Verteilung von Einnahmen, event. qualitativ schlechtere Produke, überhöhte Preise einzelner
85	2	2	1		1 verkaufen	1	1 Produkte
86	2	1	2		2 Nachhaltigkeit, Wachstum	1	2 wer Geld hat, regiert
87	1	1	2		Marktanteile, Wachstum, 2 ROI	1	Fehlallokation, Fehlanreize, Erosion bzw. Verfall ethischer & gesellschaftlicher Werte (im Markt: das Bild des 2 ehrenwerten Kaufmanns)
88	2	1	2		Umsatzsteigerung, Imageaufbau/-pflege, 2 Wirtschaftlichkeit	1	Keine natürliche Marktwirtschaft, 2 Missgunst, Imageverlust
89	1	2	2		Umsatzsteigerung, 2 Expansion	1	weniger Leistungen für mehr Geld, behindert Wettbewerb und führt zu 2 Preiserhöhungen
90	2	1	2		Gewinnsteigerung, 1 Absatzsteigerung,	1	Ungleichgewicht der 2 Märkte, imageverluste
91	1	2	2		Gewinn, Wachstum, 2 Image	1	Sanktionen, Sinken des Börsenkurses, Misstrauen, 1 schlechtes Image
92	2	1	2		Arbeitsplätze schaffen, 2 erfolgreich wirtschaften	1	schlechtere Qualitaet, 2 vertrauensverlust

93	1	2	2	ein produkt oder eine diestleitung entwickeln die soziale, umwelt und wirtschaftliche kriterien entspricht; neue ideen entwickeln; arbeit für mitarbeiter schaffen		willkürlichkeit und unsicherheit, nicht korrupte unternehemen werden benachteiligt da sie andere spielregeln haben, eine wirtschaft mit zwei geschwindigkeiten, geringe elite profitiert von der korruption und möchte immer mehr davon….
93			2		2	2
94	1	1	2	Profit	1	wirtschaftl. Ungerechtigkeit
95	1	1	2	Profit, Wachstum, Wohltätigkeit	1	fehlender Wettbewerb, mangelnder Anreiz für Fortschritt, Machtmissbrauch
96	1	1	2	Kunden, Profite, Arbeitskraft	1	Bestechung, Schwarzer Markt waechst, Leiden von armen Leuten
97	2	1	1	Geinnmaximierung	1	ander Unternehmen werden geschfächt
98	1	1	2	Gewinn, Image, Erfolg	1	Wettbewerbsverfälschung, Marktbeherrschende Unternehmen, Fehlende Glaubwürdigkeit in Qualitätsmerkmale
99	1	1	2	profit, wachstum, gutes image	1	schlechtes ansehen bei konkurrenten/gesellschaft, umsatzeinbußen, strafen (bußgelder)

ID							
100	2	1	2	Gewinne erwirtschaften, Ort der Kommunikation, Werte für die Gesellschaft schaffen — 2 schaffen	1	1	Ineffizienz, Verhinderung von Innovationen — 1 von Innovationen
101	1	1	2	Gewinne zu erwirtschaften — 2 Gewinne zu erwirtschaften	1	1	Wolfsmoral, Jeder gegen Jeden — 1 Jeden
102	1	2	2	Gut laufende Geschäfte = Umsatz, Wachstum, Stabilität — 2 Stabilität	1	2	Armut, Ungerechtigkeit, Ungleichverteilung — 1 Ungleichverteilung
103	2	1	2	Ökologisch, Kundenorientiert, Mitarbeiterfreundlich — 1 Mitarbeiterfreundlich	1	1	Steigende Preise, Vorteile für zahlungsfähige Unternehmen — 1 Unternehmen
104	1	1	2	2	1	2	1
105	1	1	2	Erfolg durch Produktivität und einem gesunden Arbeitsklima — 2 Arbeitsklima	1	2	verfälscht Wettbewerbsbedingungen, schreckt Investoren ab, — 2 schreckt Investoren ab,
106	1	1	2	Gewinnerzielung, Öffentlichkeitsarbeit, Mitarbeiterfreundlichkeit, Kundenzufriedenheit — 2 Kundenzufriedenheit	1	2	Vertrauensbruch, Imageschaden, Kreditwürdigkeitsverlust — 1 Kreditwürdigkeitsverlust
107	1	1	2	Gewinn, Entwicklung, Vermarktung — 2 Vermarktung	1	2	2
108	1	1	2	Profit, Wirtschaftliche Machtstellung, wirtschaftliche stabilität — 2 wirtschaftliche stabilität	1	2	Qualität sinkt, Kunden müssen mehr zahlen, das Gemeinwohl der Gesellschaft leidet — 1 Gesellschaft leidet

#							
109	2	1	2	Gewinnerzielung, Innovation, Marktstärke	1	2	Marktverzerrung, Ausbeutung, Misstrauen, Innovationseinschränkung / Stagnation bei höhreren Preisen
110	1	1	2	Profit, Wettbewerbsfähigkeit	1	2	Wettbewerbsverfälschung Preismanipulation Anarchie
111	0	1	2	Profit, Marktmacht	1	2	
112	2	1	1	gewinnoptimierung, leistungsoptimierung, kundenzufriedenheit	1	2	monopolschaffung vertrauensverlust verlust von serioesitaet marktbeeinflussung
113	1	1	2	die Wirtschaftskrise um zu vermeiden; Die Lebensbedingungen um zu bessern.	1	1	Arbeitslosigkeit, Ungerechtigkeit, Diskriminierung
114	1	1	1	1) Geld 2) Geld 3) Geld	1	2	1) Strafe 2) Gefängnis 3) Loyalitätsverlust
115	1	1	2	Gewinnmaximierung, gutes Image, Wachstum		1	

LITERATURVERZEICHNIS

BGB, Bürgerliches Gesetzbuch (2010), 65. Auflage, Beck-Texte im dtv

Bundeszentrale für politische Bildung (2012), http://www.bpb.de/apuz/32249/korruption-als-wachstumsbremse?p=all, Abruf am 28.05.2012

C.G. Große (2011), Wirtschaft in der Verantwortung – Management und Kommunikation im Spannungsfeld zwischen Ethik und Ökonomik, Band 42, Göttingen, Edition Ruprecht

C. A. Conrad (2010), Moral und Wirtschaftskrisen, Enron, Subprime & Co., 1. Auflage, Hamburg, disserta Verlag

C. H. Niehus (2007), Korruption und Unternehmensführung, Instutionenökonomische Analysen von 20 Interventionen, 1. Auflage, Marburg, Metropolis-Verlag

C. Partsch (2007), The Foreign Corrupt Practices Act (FCPA) der USA – das amerikanische Bestechungsverbot und seine Auswirkungen auf Deutschland, Lexxion Verlagsgesellschaft mbH, Berlin

C. Schmitt, Treupflichten der Vorstandsmitglieder einer konzernunabhängigen Aktiengesellschaft nach deutschem und U.S.-amerikanischem Recht – eine vergleichende Analyse zur Treupflichtverletzung – insbesondere durch Bestechlichkeit, 1. Auflage, Berlin, Peter Lang

Compliance: Definition und Begriffabgrenzung, http://130.75.63.115/upload/lv/wisem0708/SeminarIT-Trends/html/np/html/def.pdf, Abruf am 09.07.2011

Computacenter (Datum unbekannt), http://www.computacenter.de/unternehmen/verantwortung/antikorruption.shtml , Abruf am 29.05.2012

Der Begriff Compliance: kurz definiert, http://www.compliance-net.de/node/19, Abruf am 15.07.2011

Duden, http://www.duden.de/rechtschreibung/Ursache, Abruf am 19.06.2012

E. Waibl (2005), Angewandte Wirtschaftsethik, 1. Auflage, Stuttgart, Deutsche Bibliothek

Ethik (2012), http://www.grin.com/object/document.29795/43de75181e32f6d28dc3092816e_LARGE.png , Abruf am 04.06.2012

Europa (Datum unbekannt), http://europa.eu/legislation_summaries/fight_against_fraud/fight_against_corruption/l 33301_de.html , Abruf am 29.05.2012

F. Brugger (2010), Nachhaltigkeit in der Unternehmenskommunikation, Bedeutung, Charakteristika und Herausforderungen, 1. Auflage, Lüneburg, Gabler Verlag

Gabler, Wirtschaftslexikon (Datum unbekannt) , Wirtschaftsethik http://wirtschaftslexikon.gabler.de/Definition/wirtschaftsethik.html, Abruf am 08.04.2012

H. Leyendecker (2007), Die große Gier – Korruption, Kartelle, Lustreisen: Warum unsere Wirtschaft eine neue Moral braucht, 1. Auflage, Berlin, Berlin Verlag GmbH

HGB, Handelsgesetzbuch (2010), 65. Auflage, Beck-Texte im dtv

IntBestG „Internationale Bestechung"

J. Bannenberg (2010), Wirtschaftskriminalität, 1. Auflage, Mönchengladbach, Forum Verlag Godesberg GmbH

J. Grassler/ C. Schmutz, Erfolgsfaktor Integrität – Wie Wirtschaft und Gesellschaft erneuert werden können (2010), 1. Auflage, Brendow Verlag + Medien

J. Stierle (2006), Korruptionscontrolling in öffentlichen und privaten Unternehmen, 1. Auflage, Mehring, Rainer Hampp Verlag

Korruption, http://www.d-perspektive.de/fileadmin/Newsdateien/Vortragsmanuskript_Korruption_Graf.pdf, Abruf am 17.06.2012

Korruption: Ursachen, Auswirkungen und Bekämpfungsstrategien – systematische Korruption in Lateinamerika (2011), http://www.kit10.info/Corruption_chapter1to4_PART1.pdf, Abruf am 13.05.2012

Korruptionsskandal Siemens (2008), http://www.nci-net.de/Archiv/Recht/Korruption/Siemens-Korruption-Aufklaerer.png, Abruf am 10.06.2012

Korruptionsskandal Siemens (2008), http://www.nci-net.de/Archiv/Recht/Korruption/Siemens-Korruption-Aufklaerer

Korruptionsskandal der Siemens AG Chronologie, Wirtschaft Online (2006), http://wirtschaft.t-online.de/chronologie-der-siemens-affaere/id_12982350/index, Abruf am 19.07.2012

Korruptionsskandal der Siemens AG Chronologie, Wirtschaft Online (2006), http://wirtschaft.t-online.de/millionenbetraege-in-der-schweiz-eingefroren/id_13357672/index, Abruf am 19.07.2012

Korruptionsskandal der Siemens AG Chronologie, Wirtschaft Online (2006), http://wirtschaft.t-online.de/siemens-manager-packt-aus/id_13357168/index, Abruf am 19.07.2012

Korruptionsskandal der Siemens AG Chronologie, Wirtschaft Online (2006), http://wirtschaft.t-online.de/siemens-mitarbeiter-gesteht-schmiergeldzahlungen-/id_13357340/index, Abruf am 19.07.2012

L. Hoeth (2008), Siemens – wohin? Dokumentation und Gedanken zum Korruptionsskandal, 1. Auflage, Diplomarbeit, Norderstedt, Books on Demand GmbH

M. Bühner, Einführung in die Test- und Fragebogenkonstruktion, 2. Auflage, München, Pearson Studium

M. Friedmann (2002), Kapitalismus und Freiheit, 1. Auflage, Eichborn

M. Schröder (2011), Die Macht moralischer Argumente, Produktionsverlagerungen zwischen wirtschaftlichen Interessen und gesellschaftlicher Verantwortung, 1. Auflage, Wiesbaden, VS Verlag für Sozialwissenschaften

M. v. Hauff (2011), Nachhaltigkeit – ein Erfolgsfaktor für mittelständische Unternehmen, Anforderungen an Politik, Gewerkschaften und Unternehmen, 1. Auflage, Bonn, Friedrich-Ebert-Stiftung

N. S. Wimmer (2010), Haftungsrisiken und Compliance Maßnahmen nach dem „Foreign Corrupt Practices Act" der USA, Herbert Utz Verlag, München

Transparency International (2012), http://www.transparency.de/UEber-uns.44.0.html, Abruf am 13.05.2012

Schmiergelder, http://www.manager-magazin.de/unternehmen/karriere/a-197136.html, Abruf am 17.06.2012

Statista (2012), http://de.statista.com/statistik/daten/studie/150192/umfrage/gruende-fuer-korruption-in-deutschland/ , Abruf am 28.05.2012

StGB § 334 „Bestechung"

StGB §299 „Privatbestechung"

StGB §333 „Vorteilsgewährung"

Studentenforschung, Fragebogenerstellung, StudentenForschung.de, Abruf am 20.04.2012

U. Reiter (2009), Lärmende Geschenke, die drohenden Versprechen der Korruption, 1. Auflage, Weilerswirst, Velbrück Wissenschaft

U. Weidenfeld (2011), Nützliche Aufwendungen? Der Fall Siemens und die Lehren für das Unternehmen, die Industrie und die Gesellschaft, 1. Auflage, München, Piper Verlag GmbH

Volz, H.M. und Rommerskirchen, T. (2009), Die Spur des Geldes – Der Fall des Hauses Siemens, 1. Auflage, Berlin 2009, Zürich 2009

Wikipedia (2011), Compliance, http://de.wikipedia.org/wiki/Compliance_(BWL), Abruf am 15.07.2011

Wikipedia (Datum unbekannt), www.de.wikipedia.org/wiki/Integrit%C3%A4t_%28Ethik%29, Abruf am 10.04.2012

Wirtschaftskriminalität, http://www.manager-magazin.de/lifestyle/buecher/a-300492.html, Abruf am 17.06.2012